陕西出版资金精品项目

悟对西安碑林

古长安碑刻说三部曲之

王维亚 著

西北工业大学出版社

图书在版编目（CIP）数据

悟对西安碑林 / 王维亚著. —西安：西北工业大学出版社，2014.12

（古长安碑刻说三部曲）

ISBN 978-7-5612-4177-6

Ⅰ. ①悟… Ⅱ. ①王… Ⅲ. ①碑林—研究—西安市—古代 Ⅳ. ①K877.424

中国版本图书馆CIP数据核字（2014）第272967号

出版发行：西北工业大学出版社

通信地址：西安市友谊西路127号　　　　邮编：710072

电　　话：(029) 88493844　　88491757

网　　址：www.nwpup.com

印　　刷：陕西宝石兰印务有限公司

开　　本：787mm×1092mm　1/16

印　　张：15.5

字　　数：150千字

版　　次：2014年12月第1版　　2014年12月第1次印刷

定　　价：48.00元

古长安碑刻说三部曲之

目录

悟对西安碑林

【一】

古长安碑刻说三部曲之

目录

对悟西安碑林

【三】

悟对西安碑林

目录

我们从来都应该认为，她是无比珍贵的

此刻，一个乍暖还寒的时节，一个清明新亮的早晨。

行人寻梦的脚步匆匆，车辆奔走的声响隆隆，清澈的鸽群一遍遍掠过大东门箭楼的上空，滞重的城墙逶迤远去，融入群峰壁立的楼宇。我知道，我身边的城墙向南走不足一千米是要拐弯的，向西再行两千米多一点儿，它护佑的就是一座古朴的院落了。

一座坛内轰然而起的是一棵数人合抱的千年古槐，身携“古树保护001”号胸牌，在它的旁侧，还有“002”“003”号等同样分量的古槐相拥，为这块土地，为这座城，支撑起了一片深厚历史的天空。树下深灰色的南墙上，

"孔庙"两个砖雕楷字为清末陕西书画家刘晖所书，潇疏而不失凝重。天下孔庙无正门，而在它义路（东门）和礼路（西门）上，我仔细寻找过，也询问过，的确见不到"三学街15号"的牌子。我曾固执地认为，是某一次整修时人们忘记再钉上去了，但没有门牌了的三学街15号也是西安碑林，西安碑林就是三学街15号。还有邮编：710001，我们单位用的邮编也是这个号码。

窗外，初春的阳光温婉宜人，轻风不激不厉，它们当然也会轻飏在三学街15号的屋顶，和煦于这座宁静而古老的院落。

"天街小雨润如酥，草色遥看近却无。最是一年春好处，绝胜烟柳满皇都。"唐人韩退之的诗句情不自禁地涌上我的心头。周秦汉唐的历史让一个今天的西安人拥有了无上的荣耀与自豪，沉静与自信。那种浓浓的幸福感沉浸在心里，洋溢在脸上，挥之不去。我可以明白无误地说，我是不喜欢沿海的，那种快节奏，我适应不了。还有我那日常生活中不可或缺的羊肉泡馍等小吃，若是没有了我适应得了，我的肠胃适应不了。但这仅仅是我个人的感受，千年的古都是不拒绝现代科技现代文明的，或许有智库之称的西安正是我们这个国度快速前行的一个动力源。还有市场与商品，那灯红酒绿，那摩肩接踵，那高楼参天大道浩荡今新于昨，丝毫不逊色于长三角，不逊色于珠三角。完全可以说，今天的西安已涉入了一片传统文化与时代相融合的苍茫大海，我们有足够的理由期望它会涌起更大的波

悟对西安碑林[三]

◎西安东门 另一个名字叫长乐门

涛，制造出更大的响动来。

我相信这座城和城里人们的气质禀赋及性情是会有别于他的，这种独特的东西显然是由于文化的传统和积淀，三学街15号又何尝不是他们的一个心理支撑呢？而西安碑林的文化力度又显然不仅仅只是给了这座城。阅读一座城让我们想

◎墙的硬朗 河的柔美 安定了一座城

起了阅读文学作品，以往常常感叹20世纪前半叶的现代作家们以高贵的气质，写出了一个时代的风雅，那实在是因为他们能站在厚实的传统文化基础之上，具备了独特的人格范式和艺术表达。中国传统文化原本就是贵族文化，一个民族有这种文化的滋养是幸运的。当下的这个时期，我们在走过了商品经济初期短暂的急功近利之后，在很多事情的处理上，都已经显示出平和与包容来。从此，我们的民族不会改变。

三学街15号是珍贵的，我们从来都应该认为，她是无比珍贵的。

喜欢他们的人会有事可做的

碑林以西，是那条同样有声名的古文化聚集区——书院门一条街。这条东西走向不足千米的小街道因关中书院而得名，青石铺地，古槐扶疏，两排雕栏楼阁错落有致相映成趣，满街古玩字画琳琅满目美不胜收。徜徉在这条小街道上，你会感觉到时间忽然放缓了脚步，也会分明体味到古人款款的雅致和内心的欣喜，一种别样生活的潇散与惬意不期而至。

这条小街道的东头北侧，竖着一通近三米高的柱石，形状类似石阙，其身断裂后黏合的痕迹十分明显，这显然不是一通寻常的石头，上镌刻有集于右任先生的几个行楷字：

◎走过牌楼你就走进了一种深

“书院门步行街”，石柱的顶端卧有一方石狮，这方刻石亦非今人的制作，从它的发式看，当为明清风格。小街的西端便是那座高大的牌楼了，这座复建于20世纪80年代的建筑，雕梁画栋，朱颜生香，极尽繁复，有几多华贵，几多庄严，都融入了这尽善尽美的形式与色调中了。牌楼上方的“书院门”三个大字是集颜真卿的，那种合适自不待说。两旁的联语为“碑林藏国宝，书院育人杰”。如何？西安就会给你这么一种至真至纯的感觉。

所谓“书院育人杰”，不虚，而“碑林藏国宝”在这里是泛指，也可以理解为实写。文物是有级别的，国宝级文物有它的具体标准，不是一个笼统的称谓。譬如书画，它的确切含义是，凡是被国家专门机构定为“国宝”的，收藏者自己绝对无权处置。

我国现存珍贵文物的评定标准，是根据其年份长短、艺术水平高下、学术价值大小等不同情况，主要分为一、二、三级。二、三级暂且不论。一级书法、绘画艺术品的参考标准是，元代以前比较完整的书画；唐以前艺术水平较高，首尾齐全有年款的写本；宋以前经卷中有作者或纪年且书法水平较高的；宋、元时代有名款或虽无名款而艺术水平极高的；具有重要历史价值的名人手迹；明清以来重要艺术流派或著名画家的精品。

依据刻石及石刻文物的评定标准，碑林国宝级文物的清单，我在朋友处见过，那是几页发黄的纸张。碑林共存藏有国宝级文物19种（组），134件：

1　汉曹全碑

2　唐集王羲之圣教序碑

3　唐皇甫诞碑

4　唐多宝塔碑

5　唐颜勤礼碑

6　唐玄秘塔碑

7　唐迴元观碑

8　唐石台孝经碑

9　唐开成石经碑（114件）

10　大夏石马

11　唐大石犀

12　唐李寿石廓、墓门及墓志（3件）

◎流连小街　人们一身文化色泽

◎文房四宝让人心生喜悦

13—16 昭陵六骏之一、二、三、四

17 唐老君像

18 唐大秦景教流行中国碑

19 唐景云钟

罗列这些国宝的名字时心情很好，有一种如数家珍的美妙；同时，还有一种不满足，感到列为国宝级的文物少了，就碑刻而言，还可以列进去十件八件。我当然说了不算，我的发言有感情因素在里面。

碑林的石头上，我们民族历史上的精英赤心妙笔，书写精魂，成就了一段千年咏叹。这些民族艺术的代表之作都是一个时代精神的结晶，具备世界性艺术经典的一切标准，具有了它的一切品质。正如面对经典的文学作品，我们不期望它来解决具体的问题，但文学一定要努力成为世界的良心。作为民族书写的书法艺术，同样也不能成为济世救难的良药，但它表现出的高贵精神，不仅应该代表着我们民族，也应该代表着人类心灵质量的高度。

中国有书法好啊，西安有碑林好啊，生活在碑林的旁侧也好啊！“晋之二王”“初唐四家”“颠张狂素”“颜柳欧赵”“苏黄米蔡”一连串辉煌的名字，如日月经天、江河行地，一颗颗璀璨的巨星，光照中国历史文化的天空。而在西安碑林这小小的院落，都可以寻觅到这些杰出人物为我们这些后人留下的不朽书写 。“三月水边点点春，风无来处柳有根。背依虬曲看水起，抽出笔墨又一新。”喜欢他们的人会有事可做的。

一张张稚嫩富有生气的笑脸蜂拥而出，顿时叫人心也烂漫

古木掩映的碑林有一个好邻居——关中书院，关中书院有一个好邻居——碑林，二者一东一西，相望相守，共同写就着有阳光的日子。

一条道儿中间拐了个辘轳把的弯儿，东就叫三学街，西就叫书院门街，碑林和关中书院二者之间也就二三百米的距离吧。三学街因西安府学、长安县学、咸宁县学三处学府而得名，但昔日的这些教学处所已无迹可寻，唯剩下这些名称而已。

明万历之时，商品经济萌芽在古老的农业国度出现，新兴的有钱阶层开始寻求一种新型的学校来获取知识，以适应

时代发展的需要，于是，就产生了学堂或书院。这种新兴的办学之风越过函谷，吹到了关中大地，陕西各地相继兴办，至清末，全省有近百个这样的书院和学堂，西安城内已达数十家，其中最有影响的就是关中书院。明清两代它可谓是陕西的最高学府，是全国四大著名书院之一，光绪年间改建为陕西师范大学堂，民国时为省立师范学校，而今它是西安市师范学校和附属小学所在地。

很多年了，我从它的门前不知走过了多少遍，但从来没有进去过，我始终对它都有心存敬畏之意。可每每从它门前走过，我都会深深地看一看，默默地想一想。

明的理学立国彻底颠覆了元的重武抑文，关学才得以大行其道。当时最有影响的关学大师冯从吾因讽议朝政，皇上“欲廷杖之”。既不能兼济天下，便辞官归里，著书立说，推动关学继续向前发展。同时，又应大兴讲学之风气，在此开坛，关中书院随之诞生。初期占地数十亩，中心建筑称为“允执堂”（取自《中庸》“允执厥中”之句）。冯老夫子，关中人氏，性情耿介，圣贤书读得太迂，一生仕途蹉跎，而致力于道德学问，弟子满天下，在思想文化上产生了巨大的影响。李颙，与黄宗羲、孙奇逢并称清初的三大儒，也曾在此讲学，此大儒满腹经纶，性情更为刚烈。他不与官府合作可以绝食、利器刺身相抗争。陕西人性格多如此，俗有“冷娃”之称嘛。

我是蛮欣赏这种性情的。关学有“通经致用”，关注社会民生，崇尚品行气节的传统精神。前些年，我们国家

◎关中书院可不只是属于关中

一位领导人在一次外交场合，曾引用过关学的创始人张载的名言："为天地立心，为生民立命，为往圣继绝学，为万世开太平。"曾受关学滋养的现当代史上的重量级人物于右任老先生，也多次用他那气势宏大的行草书写过这几句话，书文皆震撼人心。

据说，院内情形也已非旧时模样，允执堂尚在，却是冯氏后人为纪念冯从吾而重修的，即便如此也好。但它的门前总是静静的，也不见有学生出入，却是那座石坊在无声中显现出几分肃穆与神圣。"关中书院"四个汉隶醇厚隽永，"尚德""崇文"耐人寻味。而在它的西面，略显狭窄的附小门口，却不宁静。总有弹跳的身影，总有雀一般的叫声，最是那放学之时，一张张稚嫩富有生气的笑脸蜂拥而出，顿时叫人心也烂漫。这些孩子们没有去过碑林的应该是极少数，我一个写字的朋友面向青少年开科授徒，号称弟子已过五千。如今，长安城里这样的书法学习班很多，有人做过估计，这个城市长年坚持写毛笔字的有二十余万人。我想过去的时日，书院的学子们也会时常寻访碑林的，不仅仅因为这碑林是他们的近邻。

看来，乐天诗人对这一带的生活不陌生

碑林是一个我时常光顾的地方，但并不是因为具体的写才到碑林去的。石面上的书刻有时很不容易看出书写技巧上的所以然来，尽管很多碑子上都附上了捶拓过的宣纸，字口清晰，黑白分明。真正有实际意义的研读和临习还是要在书房，在案前。去碑林，很多时候是为了放逐心灵，启发思想，寻求智慧，业务上的压力并不沉重，而难以排解的是来自生活中常常不期而至的不悦。

每每在这个时候，我就会走出书房，走出我们这个生成过许多新旧故事的深深院落，顺一街两行商铺的建国路往南，自建国门折向，沿顺城巷一路西去。脚下是光滑至几可

◎孔庙的义路成了今日西安碑林的大门

鉴人的青石板小道，身旁是大青砖砌起的高高城墙，行人不多，偶而有车辆静静驶过，留下了车轮碾过石板接缝时那干干净净的声响。有时会想，要是当下拥堵的城市的车都是这样的状况该多好，那简直是一种情趣了。

我要走的这段城墙有三个城门——建国门、和平门、文昌门，碑林就紧依着文昌门里。建国门里东侧，昔有唐初大臣长孙无忌居宅，门外往东一带是大唐的“东市”。和平门外曾有唐太平公主居宅，奸相李林甫也曾在此地居住。和平门再向西的道边，立着一块路牌，上有三字为“下马陵”，陵园内葬理的是一个更早的人物，汉代大儒董仲舒。他提出的“罢黜百家，独尊儒术”之说，为汉以后的历代统治者提供了“君权神授”的理论根据，为臣民确定了仁、义、礼、

智、信的基本道德行为标准，在使人如何变为奴隶的问题上，也表现出了极高的哲学智慧，可谓为皇权统治立下了十分了得的功劳。据说，汉武帝去南郊宜春苑游玩时曾在此下马，以后儒家弟子过此，皆下马步行以示尊敬，故名为“下马陵”。以前看到这三个字总会很自然地产生联想，那就是白居易的诗句：“自言本是京城女，家在虾蟆陵下住。”两个陵总在我的脑子里萦绕，我总认为是一个地方。相同的读音，会是一个地方吗？后看到一处史料载：“旧说董仲舒墓，门人过皆下马，故谓之下马陵，后语讹为虾蟆陵。”好像就是一个地方。白居易还有诗写到过这一带的一个地方：“南

◎春天 它会有嫩绿的新芽生出

巷有贵人”，“北里有寒士。”“北里”就是指今和平门外一带，是唐时的“风流薮泽”之地。创作是要写自己熟悉之地，看来，乐天诗人对这一带的生活不陌生。

文昌门因门内旧有文昌庙而得名。文昌庙，亦称文昌宫，为奉祀文昌星和文昌帝君的祠庙。文昌星即为老百姓常说的文曲星，相传为主持文运与功名利禄的星宿。元加封晋张亚子“文昌帝君”后，遂与文昌星两者合祀，并建庙于学宫附近，以祈学子文星高照，文运吉祥，科考折桂，功名彰显。文昌门外约今文艺路北段路东，即是唐大书法家褚遂良的宅址。

这一带的确是有些不平凡，仔细数来再走一趟可能都不会有闲适潇散的感觉了。可碑林在前，徜徉在那一处大院子里，又有友情相伴，可发思古之幽情，可不知轻重高低去憧憬。心是自由的，人便轻松畅快。“我有千言诉不得，忍向砚池一点求。笔墨到时心自润，共消尔我万古愁。”

无论大小的孔庙，当然都是要坐北朝南的

现在的西安碑林博物馆，实际上由两部分组成，前面为孔庙，后面即为陈列保护碑刻的建筑群。在我的思想意识里，总将它们称之为前院、后院。实际上，我没听到过谁这样称呼它，碑林的朋友也没有。这样称呼它，是不是有些不严肃？但不管怎样，先有前院再有后院，后院是在前院的基础上发展起来的。细算来西安孔庙始建于宋崇宁年间，而八十余年后的哲宗元祐二年（公元1087年），《石台孝经》《开成石经》等第一批碑石，才开始向这里移动。

历史上的文宣王在人们的心目中有着至高无上的地位，“圣人”“至圣先师”“万世师表”等尊称到了登峰造极无

◎这两个字不是只嵌在墙上 还嵌在中国人的心上

◎从泮池看棂星门

以复加的地步。北京天安门前的华表代表着封建皇权仪卫和祥瑞的最高等级，但山东曲阜孔庙的盘龙华表却可以和它相比肩。而对孔庙这种传统程式化建筑格局的了解，我还是通过西安碑林认识到的。去了山东曲阜，去了南京夫子庙，天下的孔庙怎么都有一种似曾相识的雷同感。的确，所有孔庙的建筑与功用都是有规定性的。无论大小的孔庙，当然都是要坐北朝南的，而塞门、泮池及棂星门、戟门、两庑、大成殿，则都对称地排在一条中轴线上。泮池是洗笔的吗？可以说是吧，沾些孔夫子的灵气嘛，不过，要洗也只有考取了秀才中了举人的人才有这个资格。因为，只有取得了功名的人才可以进入孔庙朝拜。石造的棂星门东、西两门额上刻“德配天地”“道贯古今”语，中门稍大，是过去祭孔大典时供主祭人员和最高官员出入的。随从走西门，工作人员限走东门。如今的游人当然是乐意走哪个门就走哪个门了。戟门小殿是孔庙以示威严陈列兵器的地方，两侧室也可容祭孔人员熟习仪规和整理衣冠。去年冬天一个下午晚一些的时候，游人大都散去，院子里显得空空荡荡，我从里面往外走，听到一个导游反复给两个游客讲，这小殿是元代建筑。其实，我听朋友讲过，也从资料上看到过戟门是明的建筑。为祭祀孔子七十二弟子的东西两庑以前是文物展室，陕西历史博物馆成立后，一些文物调拨走了，现在是临时展室，经常举办各种主题展览。好像前一段时间还在此举办过“颜体临作展”。

西安孔庙的大成殿不见了，它毁于1959年夏末的一场雷

◎人们知晓西安碑林，大多是从这个标志性的景观开始的

电大火，而今在它的遗址上辟建了宽阔的广场。如织的游人可以在平展的大方砖上漫步回味，可以兴趣盎然地按动相机的快门。

要说西安孔庙与它处孔庙不同的地方，那就是牌坊。按传统规格建造，牌坊应建在孔庙门外，但西安孔庙紧邻城墙，牌坊便无法容身，只有局促于墙内。看来，孔家的事情也是可以因地制宜的，变则通嘛。还有两庑前面，对称建有几座形式相同的碑亭，这是康乾大帝为平定西北叛乱所书的几通纪功碑。如今这些碑亭没有对外开放，有的还做了销售纪念品的商亭，亭内的高大御碑则用纸张覆盖着。有一次，我和朋友一同出来，朋友对着亭子内笑嘻嘻的店员问：“刀子钝了没有？”店员用陕西话答：“没情况。”我转了一下脑筋，才明白他们同事之间的调侃。意思就是问，把游客宰得如何？“没情况”的意思就是收入不咋样。我赞叹他们的幽默上档次有水平。

历经了近千年的
春云夏月、秋雨冬雪

现如今是前院的事情少了，后院的事情多了起来。但直至清中晚期以前，碑林并不独立存在，它一直是依附于文庙和府学的，很长时期人们都以“唐石经”统称之，谈及具体的碑石，则言其在文庙。明时也有称之为“碑洞”的，盖因为碑石密集回环幽深，“港洞若洞署”。“碑林”之称民间也时有，至道光二十一年（公元1841年），官方文献上已正式称“碑林”了，碑林似乎慢慢具有了独立的意义。

所谓“唐石经”即是指唐玄宗李隆基天宝四年（公元757年）亲自书写的《石台孝经》，唐文宗李昂开成二年（公元837）年书刻的《开成石经》。这些石经原来所处的

位置离现在的孔庙不远，就在文昌门外的文艺路一带，唐时的国子监太学内。

无耻的朱温一叛黄巢，二叛唐王朝，废哀帝建梁。他的东迁，可以把长安城里的房梁都拆下沿渭河漂去，唐石经他漂不走，可缩建的长安城却把它们框在了郊外。时守将韩

◎碑林三室

建，一介武夫，但知“日课学习”，尊崇文化，他为野地里的石经做了一次运动，将这些沉重的石头迁入了新城，置原皇城尚书省之侧，今西大街社会路一带。不久，又因那里“地杂民居，其处洼下，淋潦冲注，随之辙仆，埋没腐壤，岁久折缺”，继任者节度使刘鄩给它们改善了居住条件，把它们移置到了今天的所在地。从此，这些碑石以孔庙为邻，应该有个好运气了，历代的尊孔也应该使这些碑石获得了优容。但是，皇权更替战乱又起之日，异域侵袭文化冲撞之时，还有来自自然的灾难，它们一样会有躲避不及驱之不去的痛苦，有时甚至会是灭顶之灾。

宋时的昏人姜遵，为迎合刘太后在京兆（今陕西西安）城中营造浮屠的旨意，不顾一县尉“叩头流血”的劝

◎东汉《曹全碑》

◎唐《集王羲之圣教序碑》

◎唐 怀素《草书千字文碑》

◎墓志廊

谏，竟然“毁汉、唐碑碣代砖甓”；元祐年间，白痴韩缜督责修桥，为按时完成上司规定的工期，毁古碑以充石料，几使“前人之碑尽矣”。当然，孔庙内的碑石，他还不敢肆无忌惮。

金军顶不住草原上隆隆而来的铁蹄了，便主动要放弃京兆城，临退却前让圣庙“殿宇倾颓”，对唐石经“悉以

摧仆”。

明嘉靖三十四年的深冬时节，关中山崩地裂，平地山阜，河、渭滥溢，庐舍倾陷。及后数年又是接二连三的余震，森森碑林，或为摧倒，或为折断，或为撞伤。《开成石经》114通石折断就达40通之多。我们现在看到的许多名碑，如《唐怀仁和尚集王羲之圣教序碑》《皇甫诞碑》《不

◎唐 颜真卿《颜氏家庙碑》

空和尚碑》等拦腰断裂，就是因为这场天灾。

不能不赞叹我们这个稳定而昌明的时代，对这些碑石文物的珍视和保护让人欣慰，也断不会再发生像虞世南的《孔子庙堂碑》刻成，即“车马填集碑下，毡拓无虚日”，不久，碑石即毁的情况。

而真正使碑林得到大发展的，还是近一百年来的民国政府和新中国政府。民国二十六年至二十七年（公元1937—1938年）的大整修，奠定了今日西安碑林之规模。公元1961年3月，国务院公布碑林为全国第一批重点文物保护单位，此后又扩建展室，增加碑石。清末以来，碑林藏品由六百余通猛增加至四千余通。

历经了近千年的春云夏月、秋雨冬雪，碑林也彰显出了顽强的生命力，并以它独有的风采面向今日，面向明天。

玄宗皇帝的书法很是不错

西安碑林标志性的建筑就是广场北侧，一展室环抱着的一座有着很好神气的亭子。上端有林则徐大人手书的“碑林”二字，金光灿然，新人耳目，每次看到它，都有一种怦然心动的感觉。其实，刚进碑林大门，站在泮桥上，你的目光穿过棂星门，穿过小殿，一眼就能望见这条中轴线对准着的亭子，望见这两个惹眼的大字，顿时也会唤起你急切的情绪，几乎不能让你停留，牵着你快步向它奔去。林公人格高洁，书法结构端严，笔力雄厚，自是给碑林题字的最佳人选。而“碑”字少一撇点的写法以公之学养，不必生疑。书法的帖写，以及变体和假借别字，等等，很是复杂，一般的

◎唐 李隆基《石台孝经碑》

文字学知识，很难把有些事情搞明白。

这便是为《石台孝经》所建的碑亭，高近6米的碑子很沉实地坐落在里面，皇帝御碑与别的碑子待遇很是不一样啊。碑子形体的高大为我所仅见，心仪已久的《好大王碑》比它巨，但形制上不及它繁复华丽。它的碑身是由四块宽120厘米的石面结构成的一个柱体，加上碑首碑座，共有石35通。碑座的三层逐次加宽的石台上层层刻有美妙的图画：瑞兽奔突在繁盛的蔓草间，风卷蔓草，瑞兽昂扬，充分展示出了大唐向上的蓬勃气象。而最具匠心的要数它的碑首了，这么巨大的碑子给它加一个大小适中的盖，也同样会显得有沉重之感，碑子

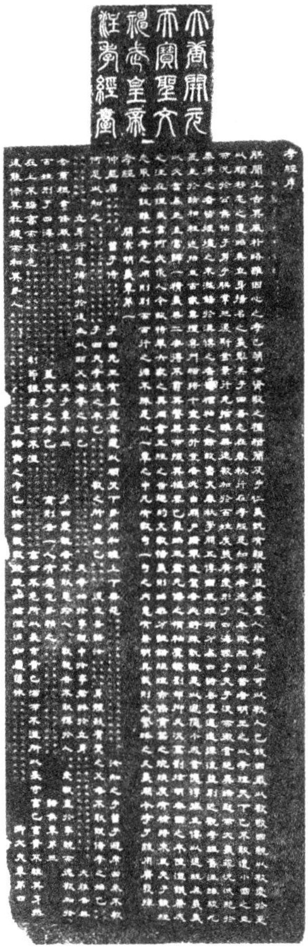

◎唐 李隆基《石台孝经碑》正面

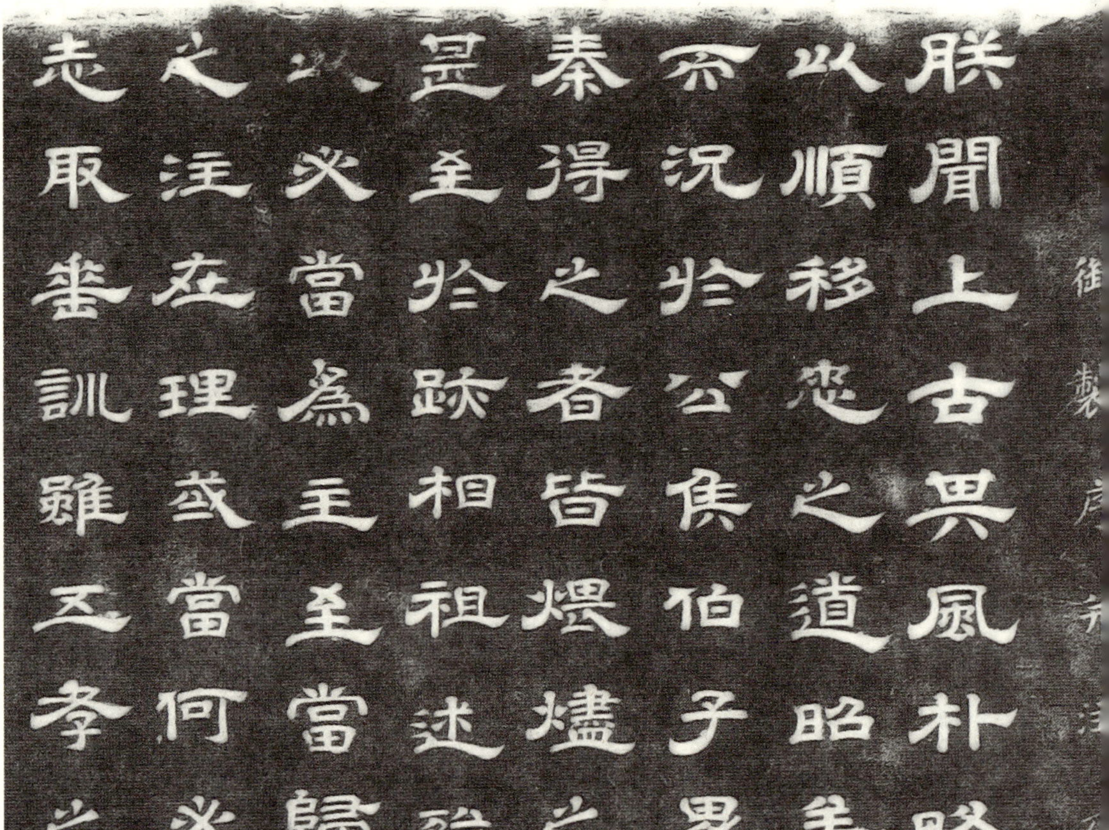

◎唐　李隆基《石台孝经碑》正面局部

设计者和工匠的处理方法，是在其上刻制舒缓轻慢的云朵，让人们的视觉轻盈起来，显示出了过人的智慧和才华。

碑子的内容是唐玄宗李隆基亲自作序、注释并书写的《孝经》。《孝经》是孔子的学生曾参记述他与夫子有关“孝”“悌”的问答之辞，玄宗皇帝致力于用碑石的目的，是想向世人发布一个宣言：我要以“孝道”治理天下。

人是很复杂的，要统领很多人的皇上更需要曲曲弯弯，封建社会的朝代更替、皇权交接，好像缺少了一些尧舜的风度。玄宗的祖上也就是隋的一个太原留守，涉黄河，击关中，对摇摇晃晃的隋统治进行了落井下石。玄武门前，老李家不弄得更是热闹吗？刀光剑影，水火相向，结果建成哥哥和元吉弟弟脑袋不见了吧。武后奶奶把宫里面折腾得一样风生水起，煞是好看。这些显然与“孝”“悌”之意都不合嘛。到了玄宗，他曾在兴庆宫内居住时与兄弟同盖连床大被，以示手足情深，建楼名曰“花萼相辉”，寓意兄弟相亲如同花萼。当政了，更是不会忘记自家前事，人心向背重要啊。于是，制一大碑。

明皇时期也曾有过“忆昔开元全盛日，小邑犹藏万家室，稻米流脂粟米白，公私仓廪俱丰实”。但也有过“后宫佳丽三千人，三千宠爱在一身”。“春宵苦短日高起，从此君王不早朝。”而玉环娘娘本是他儿子李瑁的宠妃啊，怎么讲？

不过，玄宗皇帝的书法很是不错，笔法精到，秀美有姿。可唐隶本就不入流，缺少汉隶结字的多变和线条质量的醇厚隽永，玄宗的隶书格调上也不会高到哪儿去，但书写水平不在韩择木、徐浩之下，几行行书也蛮好。整个书写还是没有超过太子李亨为此碑篆书的碑额“大唐开元天宝圣文神武皇帝注孝经台”。

这些书写尚停留在一般功夫写手的层面

去冬一日，一信徒朋友恭送我一册报恩念佛堂敬印的《日常课诵》，内收有清人贾存仁修订改编的《弟子规》。在它为学生规定主修的六门课中，开篇便是讲“孝悌”。“孝悌”是中国文化的基础，古人云：百善孝为先。一个人能够孝顺，他就有一颗善良仁慈的心，有了这份仁心，就可以利益天下的人。悌同弟，出了门就要在社会上像侍奉兄长那样友爱他人。

儿时，父亲曾依据记忆把它写出来，我囫囵吞枣地诵读过。前些年，一位老书家也曾用蝇头小楷写了一尺见方的团扇赠送我。而这次，我则认真地将这《弟子规》诵读了数

遍。字字句句震撼我心，我甚至感到了一种恐惧。我等不孝，而自今时起，时时刻刻，点点滴滴，尽心竭力，今生恐也难完全达到它为我们订立的尺度了，只有尽力去做。

儒家的道德文章大哉，做一个儒家弟子难也。而封建社会知识分子必读的《周易》《尚书》《诗经》《周礼》《仪

◎唐 《开成石经》

礼》《礼记》《左传》《公羊传》《谷梁传》《孝经》《论语》《尔雅》《孟子》等十三部经书，以刻石的方式，就立在西安碑林宽阔而幽深的第一展室。前十二经共114通石，228面，每石高216厘米，宽83～99厘米不等，共六十五万零二百五十二字。这套石刻经书历经七年刻成于

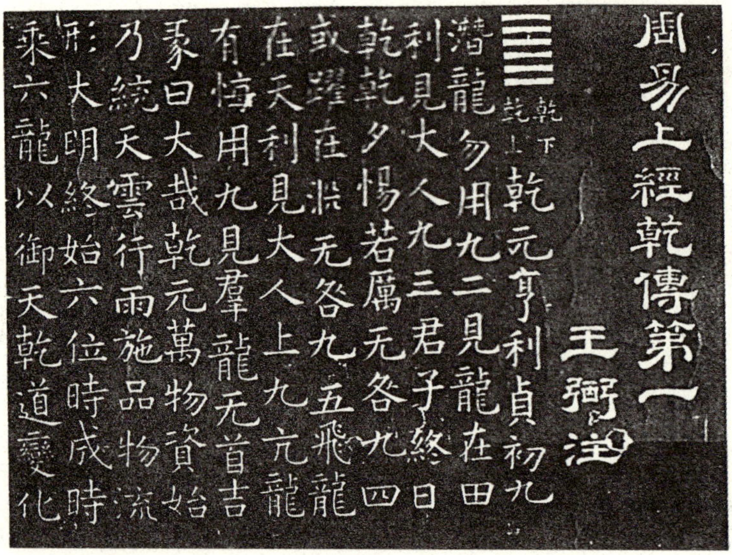

◎唐 《开成石经》局部

文宗开成二年，史称《开成石经》。康熙元年（公元1644年）陕西巡抚贾汉复又补刻了《孟子》一篇九石，与前十二经合称十三经。

刊石刻经是中国古代印刷术发明之前保存经书典籍最为高明和有效的手段。士子之间的相互传抄久之难免差错，相互攻讦，难有定论，石经便为读经者确立了一个校勘的标准，这样，经典就可以正确地流传下来。东汉已开始有石经出现，曹魏间有《三体石经》，而这些刊刻都早已成为了身首异处的残存。宋时以及清季都曾刊刻石经，但一千余年的《开成石经》，能相对完好地保存下来，其价值非它辈能敌。

凱風四章章四句
雄雉刺衛宣公也淫亂不恤
國事軍旅數起大夫久役男
女怨曠國人患之而作是詩
雄雉于飛泄泄其羽我之
懷矣自詒伊阻雄雉于飛
下上其音展矣君子實勞

◎唐《开成石经》局部

而今，这些被钢铁及玻璃护罩着的经石像沧桑老者，向我们无声地叙述过去，给我们以光明的昭示。那断裂、那残缺是它们曾经的伤心，那弥合、那修补是先人辛勤的心血。徜徉其间，我们像游走在历史的隧道里，我们真的感到无力翻动这一部大书。

我也曾近距离仔细端详过石上的书写。这六十五万余字是由艾居晦、陈玠等人完成的，麻钱大小的字个个工工整整，入规入矩，充分体现出了唐人楷法的特点。但这些书写尚停留在一般功夫写手的层面，结字无甚特点，线条干枯僵硬。唐楷真正能脱出来的，还是欧、虞、褚、颜、柳之辈，人人法度谨严，个性鲜明，生发着无穷的艺术魅力，让人沉醉着迷。

向人们传达了积极向上的精神意趣

“东临碣石，以观沧海。水何澹澹，山岛耸峙。树木丛生，百草丰茂。秋风萧瑟，洪波涌起。日月之行，若出其中；星汉灿烂，若出其里。幸甚至哉，歌以言志。”这是一代枭雄曹操北击乌桓，东临碣石时留下的诗篇。时间过去了将近一千八百年，又是一代伟人在此地吟咏：“大雨落幽燕，白浪滔天，秦皇岛外打渔船。一片汪洋都不见，知向谁边？　往事越千年，魏武挥鞭，东临碣石有遗篇。萧瑟秋风今又是，换了人间。”很显然，伫立高山，面向大海，与曹孟德的内敛式思维不同，毛湘潭自标高格，磅礴大气，向人们传达了积极向上的精神意趣。

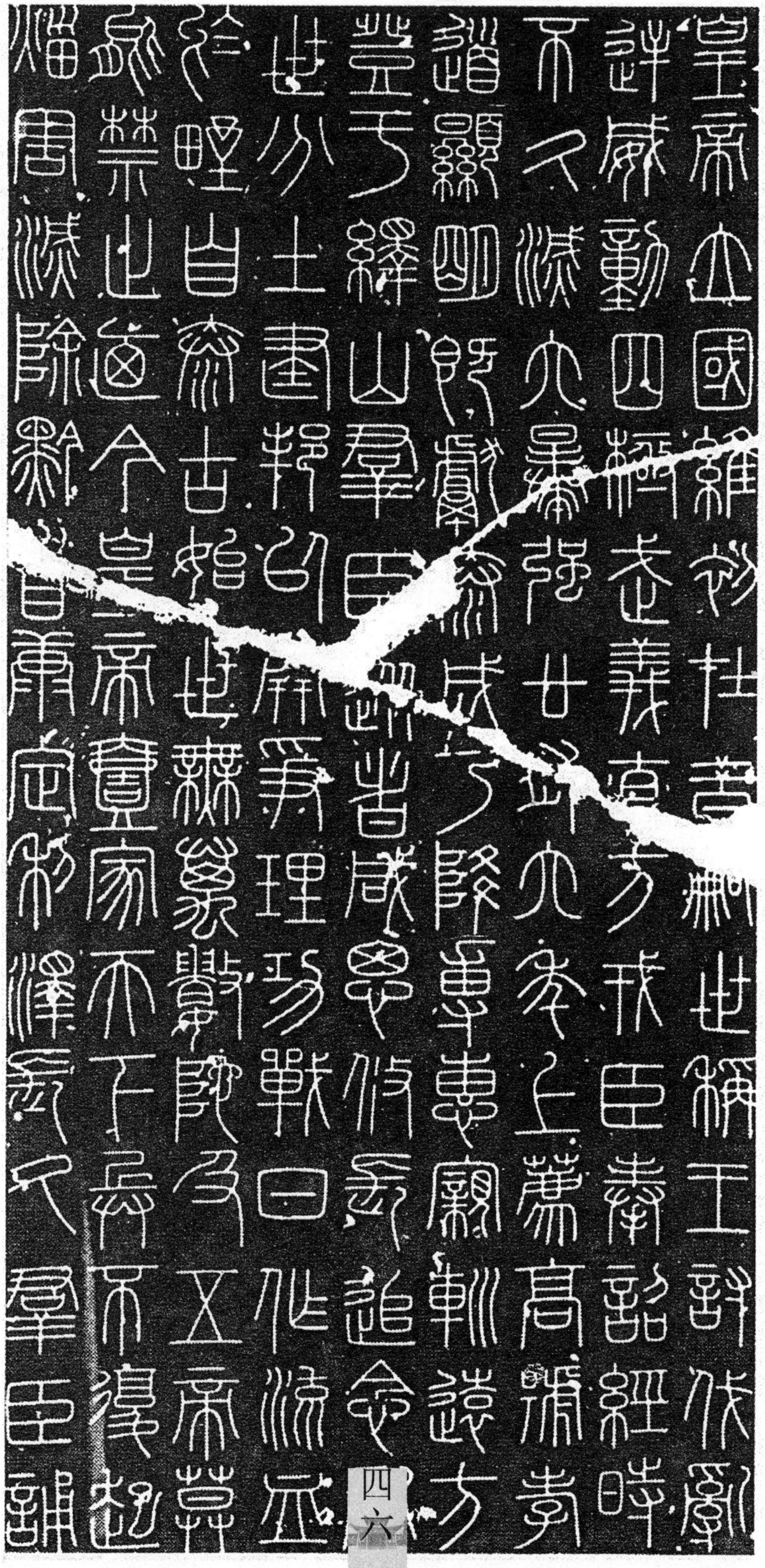
皇帝立国维初在昔嗣世称王讨伐乱
逆威动四极武义直方戎臣奉诏经时
不久灭六暴强廿有六年上荐高号孝
道显明既献泰成乃降专惠亲巡远方
登于峄山群臣从者咸思攸长追念乱
世分土建邦以开争理功战日作流血
于野自泰古始世无万数陀及五帝莫
能禁止乃今皇帝壹家天下兵不复起
灾害灭除黔首康定利泽长久群臣诵

◎宋《重刻秦峄山碑》碑阳

不论是毛润之还是曹孟德，在他们放歌碣石的时候，都不会忘记在他们之前的另一个人物曾东巡至此，开石勒碑，写下壮美诗篇。他不屑于用形象思维，直接痛斥六国统治的无道，夸耀其统一天下的伟业，这个人当然就是始皇帝嬴政。

秦始皇绝非寻常之辈，他所做的大事也绝非是荡平了六国。皇帝自他始，在他执政的十来年的光景中所做的一切，影响了中国历史两千年，且还在影响着我们的今天以至明天。相对于他对旧传统的反叛，积极主动地创造未来的精神，后来的君王可以说，只是改朝换代而已。不能否认，他所做的这一切都得益于一个人，这就是秦始皇的丞相李斯。政治、经济、文化方方面面巩固国家统一的政策，都是他帮助制定的，连金石刻辞也大都出自他的手笔，如金文有“秦权”“秦斤”“秦量”等，刻石包括始皇大帝东临碣石所立的那一通，当然，这块刻石早已不闻。秦始皇五次出巡七处刻石，每一处都由身随左右的李斯书写。

李斯一代名相，他辅佐秦王嬴政横扫六国，完成统一大业，又为最终形成我们这个统一的多民族的国家做出了卓越的贡献，但本人下场可叹，遭腰斩，诛九族，后世儒生又多因焚书坑儒等暴政而诟病于他。但功过是非已自有公论了，就统一文字而言，却是功莫大焉。他不光是文字改革家，还是很优秀的书法家。他的小篆号为“玉箸篆”，迄今为止，写小篆还公认没有谁能超过他。有人称赞他的小篆朴茂、端庄、婉通，“乍密乍疏，或隐或显，负抱向背，頫仰承乘，

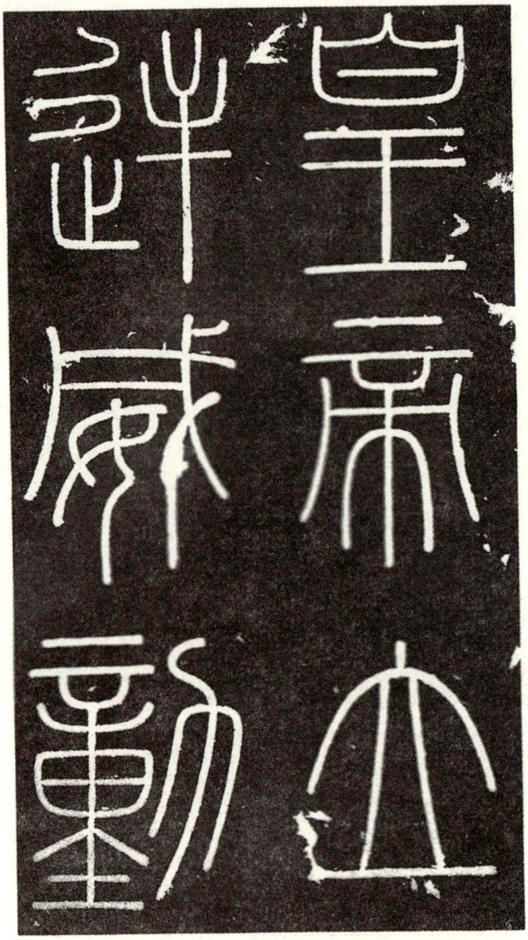

◎宋 《重刻秦峄山碑》碑阳局部

任其所之，莫不中律”。

秦始皇出巡的刻石中，原石尚存的仅有《泰山刻石》和《琅邪台刻石》，前者存九字，后者存八十余字。一些刻石有摹本传世，但大都存疑为后世作伪，只有今立于西安碑林中的《峄山刻石》重刻本尚为有序，也是今天能见到的最早的重刻本。而它的原石的消失，据说，还和那个曹孟德有关。曹操当年曾登上今山东邹县的峄山，不知出于何种想法，他命人将碑推倒。而手下人用柴聚于石下焚烧，石随之不存。唐杜甫曾有“峄山之碑野火焚，枣木传刻肥失真”的

◎宋《重刻秦峄山碑》碑阴

诗句，大概讲的就是此事。

这通碑子的刻石者郑文宝《宋史》中有传，他是依据老师徐铉的摹本重刻的。徐铉摹本较好地保存了原刻石的内容，也较好地传达了秦篆的字形。两千多年后的今天，我们仍能看到秦人的书写，当是幸运的。后人翻刻前人的书迹很是常见，其中不乏上佳者。明代杨士奇《东里续集》称峄山刻石有七种翻刻本，推长安本为第一。长安本就是指西安碑林所藏的郑氏重刻本。

秦始皇帝有尊重知识分子的先进事迹

其实，秦始皇帝有尊重知识分子的先进事迹，这几乎都快让今天的人们忘记了，很不应该。

相传秦时有个叫王次仲的，在古文字简化上很有两下子，秦始皇对此很感兴趣，连发三道诏令要王次仲进京。可这个王次仲是个犟头，咋都不去。秦皇无奈，就让人把他逮起来用囚车押往咸阳。途中，王某人胸中愤懑，仰望苍天，一声长叫，顷刻就化作大鸟凌空而去。他为啥不见秦皇的原因不得而知，是读书人的气节呢，还是知识分子的怪脾气？

据说，这个王次仲的本事就是能将仓颉的籀文简化至隶写，这真是个不小的能耐，能和同时期的程邈相提并论了，可他的知名度比程邈小多了。程邈在做派上也不及他嘛，被秦皇从狱中放出来，接受了表彰奖励，还屁颠屁颠地去做封他的官去了。从王次仲的事迹传说，也完全可以证明，程邈在狱中苦思冥想，绞尽脑汁，将古文字“少者增益，多者损减，方者使圆，圆者使方”，造字三千的说法有假。隶书的定型绝不是某一个人的事情，这样的工作一个人绝对完成不了。劳动人民是历史的创造者，从战国时期的书写遗存来看，简便的快写早就在各地民间流行，程邈就是一个古文字整理的代表人物罢了。而知识分子王次仲呢，也可以说是劳动人民，或者说，是劳动人民的突出代表吧。

同样，也可以这样理解更早于它们的仓颉，但仓颉的传说比起程邈，王次仲还要让人惊异。仓颉原是黄帝的左史，生而神圣，有四目，观鸟兽之迹、体形而制字，以代结绳记事。造字成功后，天雨粟，鬼夜哭。仓颉造字并有书迹传世，到秦时，李斯还能见其二十八字，不过，仅能识“一天作命，皇壁迭

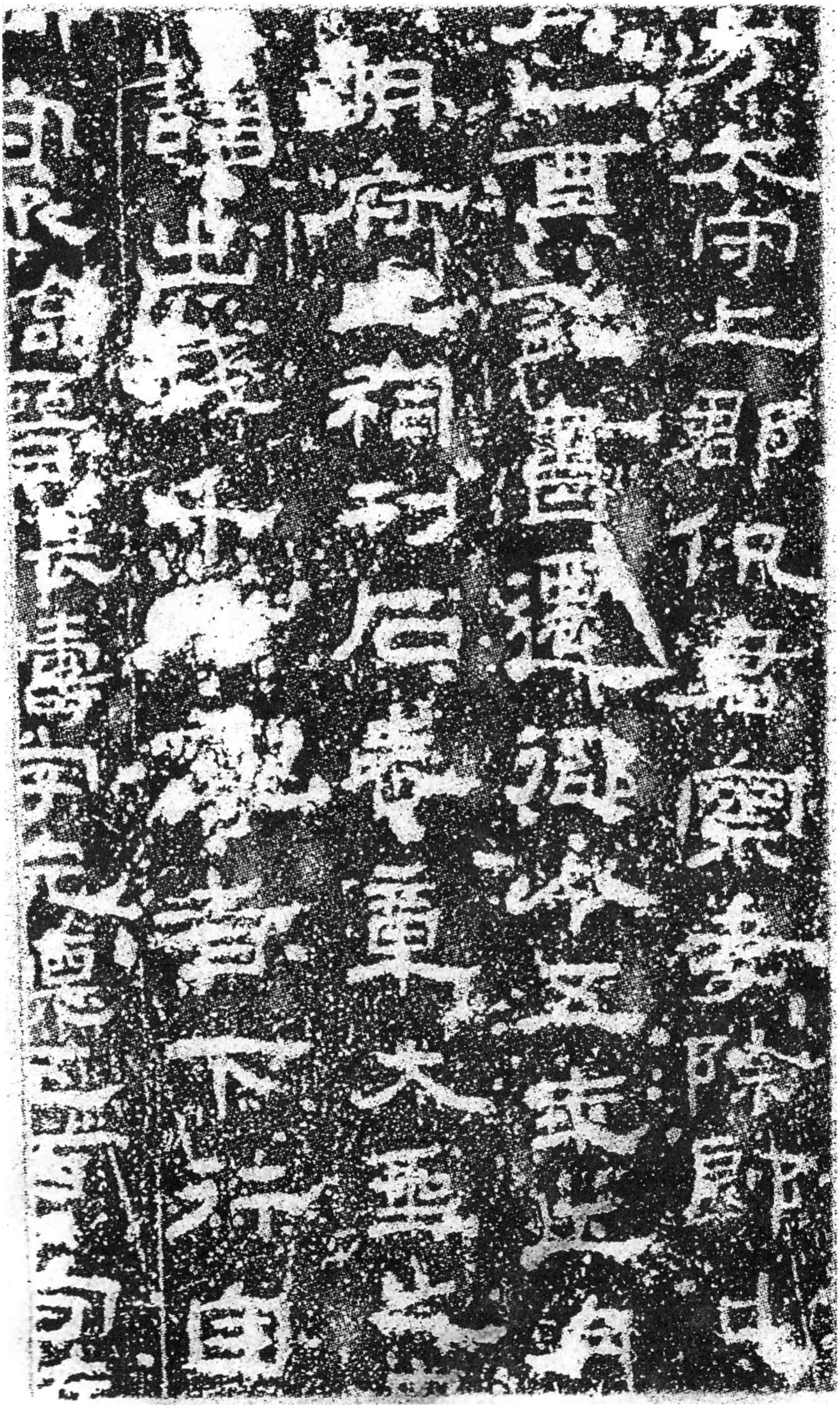

◎东汉《仓颉庙碑》局部

◎东汉 《仙人唐公房碑》局部

王”八字。宋《淳化阁帖》也收入了仓颉的二十八个字，拿来对照释文好像中间没有这八个字嘛。难道这不是李斯见到的那二十八字？据传，也只有仓颉藏书台有自己书写的碑文二十八字留传啊。反正文字的产生是社会进步的必然，我们树几个这方面的英雄模范人物也好，每当我们运用文字为文为艺，感念我们的先人，也好有个具体的寄托。

西安碑林就有一通汉《苍颉庙碑》，立于东汉延熹五年（公元162年），当然是记述仓颉功德的。此碑原在陕西白水仓颉庙内，20世纪70年代入藏碑林。碑文漫漶不清，但尚能从碑面上感觉出汉隶古朴厚实的气息，也能依稀辨出“仓颉天生德”等了了文字。

西安碑林还有一通立于东汉时期的碑子《仙人唐公房碑》，碑文讲的就是那个陕南城固人一人得道，鸡犬升天的好玩故事 。但碑文的结字优美，点画质朴，横捺的出锋已有些楷意，书写足可研磨，不失为一通名碑。其实西安碑林还存有汉之书写，没有展出，也没有对外印行，在有限的内部资料上刊登，不足以让它们的作用发挥出来。

在议论王次仲、程邈的时候，秦始皇帝真的是不能忘记的。他对文字的改革实际上是从两个方面进行的，一是统一了文字，确立了小篆的书写，二就是推行隶书，功绩可谓大焉。秦隶古雅，饶有趣味，作为书法，今天的人们仍然可以注目它，取资它。而我们提到的《仓颉庙碑》《仙人唐公房碑》，则就是纯汉隶的“八分”了。入汉，主要的书体就是能切合时用的隶书，只有符玺、幡信及有些碑额还用篆书外，普遍都使用隶书，写隶也成为了取仕的制度。这些都使得隶书在汉四百年间得到了充分的发展。当然，汉印作为这少量的篆之书写，不仅风格独具，而且还为篆刻艺术提供了非同寻常的师法意义。

用笔就是内在的规律性的东西

准备为《曹全碑》写下一些文字的时候，我展纸濡毫，试着进入它。少顷，即心情很静，宛如进入了一条生产线，逆入平出，轻灵委婉，一切的手势动作都那么自然而然，顺理成章。我在沉静中获得了飘逸，获得了优雅。《曹全碑》挺好的。

汉字书法由篆发展到隶，面目丰富起来，这完全取决于它用笔的多变。一般来讲，篆书多为圆笔，而隶书是篆书的急就，行笔速度快而有顿挫。这就需要笔势开张，万毫齐力，笔锋交代到点画的终端。这种险劲峭拔的用笔，一味的圆是完成不了的，方笔就应运而生。《礼器碑》《张迁碑》

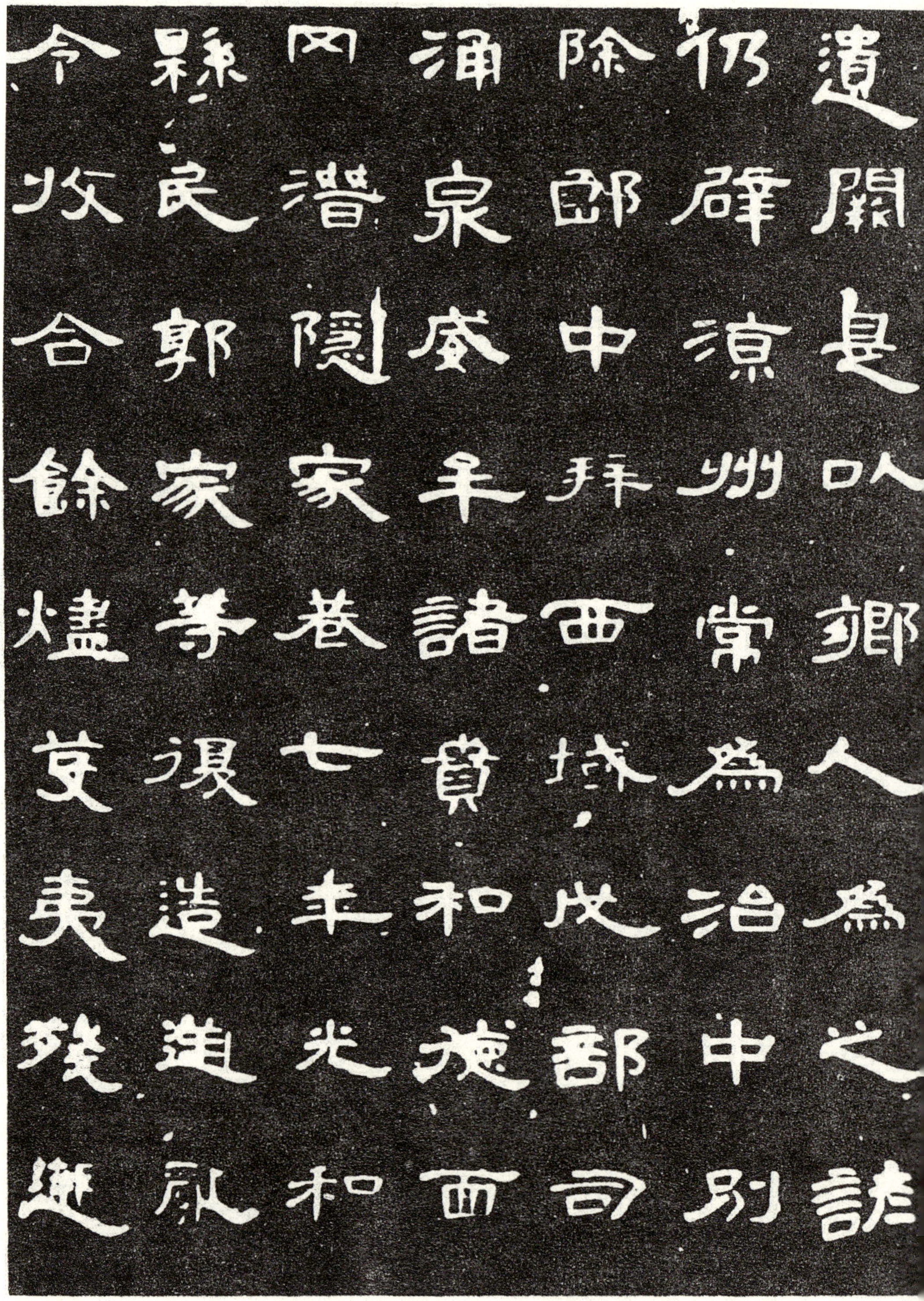
遺闕是以鄉人為之諺
仍辟涼州常為治中別
除郎中拜西域戊部司
涌泉威牟諸賁和德面
罔潛隱家巷七年光和
縣民郭家等復造逆亂
令收合餘燼芟夷殘迸

◎东汉 《曹全碑》局部

的以方为主，《石门颂》《曹全碑》的以圆为主，《鲜于璜碑》《鲁峻碑》的方圆兼融，用笔的不同，而使得碑石面目各异。隶书是今文字的开端，而从上古象形文字开始，一直到秦始皇时李斯等厘定的小篆，则被称作古文字。我们可以说，很大程度上，今天的书写仍可视为隶之书写，因为今天的真草无论形体和技法，都是在隶的基础上衍化生成的。

一种事物要发展，就要有变化，中国汉字书法之所以成为一门艺术，首先，是它的各种技法经历了一个由简单到复杂的发展变化的过程。而内因往往是变化的根据，就书法来讲，用笔就是内在的规律性的东西，而结字则是外在的表现形式。正是因为有了用笔的不同，才有了汉字书法的篆隶草真等书体的产生，在一种书体中，也才有了风格的各异，譬如楷书的颜柳。

在临习某一帖的时候，重要的是，先要把它的各种书写技法解剖清楚，再把它的结字特点抓住，就好办了。各种风格的书体，它的难度再高，也是有规律可寻的。书写者的审美观、积累的技法信息虽有别，但人的生理特点还是大体相同的。“终日伏案画圈圈，草亦周正真亦圆。墨水之间寻节奏，毛颖锋下觅正反”。实际上，方块字的书写，从某种意义上讲，就是一个画圈圈的过程，而人生理上也很适宜这种环抱。是藏，是露，是方，是圆，是中，是侧，弄明白了，就下手吧。那毛笔就像刀子一样，一刀一刀，沉着有力，把拢起来的锋在画中行，把生出的锋面调整着用，很快就进入了帖的线条，再注意着帖字的体式，临出的字就会和帖上的

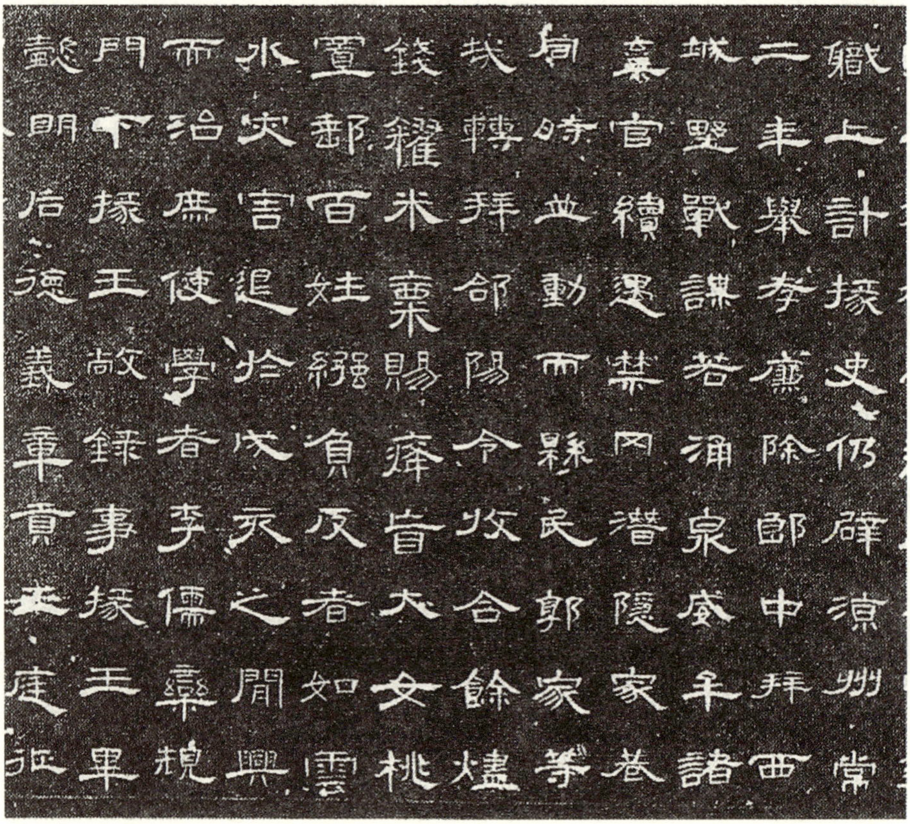

◎东汉 《曹全碑》局部

字很相近。此刻，你的心情会很好。不过，我在《曹全碑》上没下过什么功夫，偶尔看看而已。

西安碑林中，这通汉碑最负盛名，艺术价值也最高，但它入藏碑林的时间很短，是公元1957年由陕西合阳移入的。此碑记述了曹氏世系、功业，且多涉两汉重大历史事件。碑面完好，字迹清晰，明万历初年由合阳故城出土，可惜抬运时将碑折断。

像一个贪玩走失
而被找回的孩子，缄默不语

很多年了，我自洛阳城出发，前去嵩山少林寺参观游玩。车驶出洛阳东南行，很快就踏上了四月的偃师大地。宽阔平展，麦苗葱茏，田间偶有的白杨英气勃勃，新芽锃亮。村庄静谧安详，透着一派闲适和自足。我的脑间充塞的是唐代高僧玄奘的形象，历经九九八十一难而从西天取回真经的他，就诞生在这块土地上，根本就没有想起西安碑林那块著名的汉代《熹平石经》出土于此。

东汉灵帝熹平四年，京城洛阳太学堂的门前立起了四十六块石经碑，不光镌刻着儒家的一些主要经典，而且这些刻石的文字书写还出自当朝大书家蔡邕的手笔。一时间洛阳城

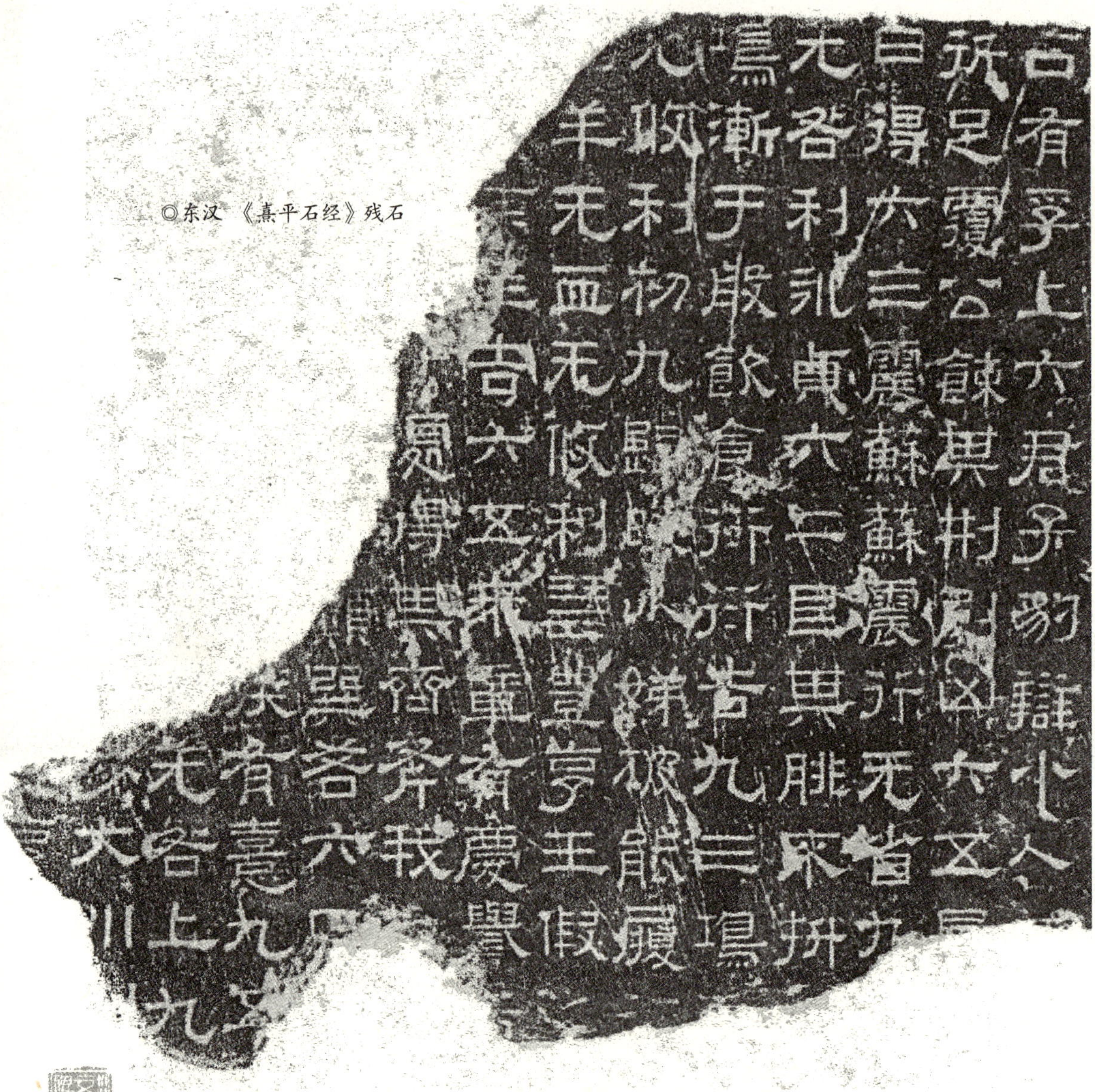

◎东汉 《熹平石经》残石

内“其观视及摹写者，车乘日千余辆，填塞街陌”。可惜，在东汉末年的动乱中，这些碑石遭受毁坏。昔汉魏太学就在今偃师的地界上，自北宋时起，就不断有石经残石被发现。20世纪20年代末，这个块头较大，字数达四百五十余的宝贝面世。

大家手笔，纯正汉隶，但老实讲，我不大喜欢它，盖是因其庸常，个性不鲜明。而《张迁碑》《石门颂》《西狭》《史晨》之类的书写则每每激动我心。倒是这块身世不平凡的石头出土后的不平凡经历，曾让我唏嘘不已。

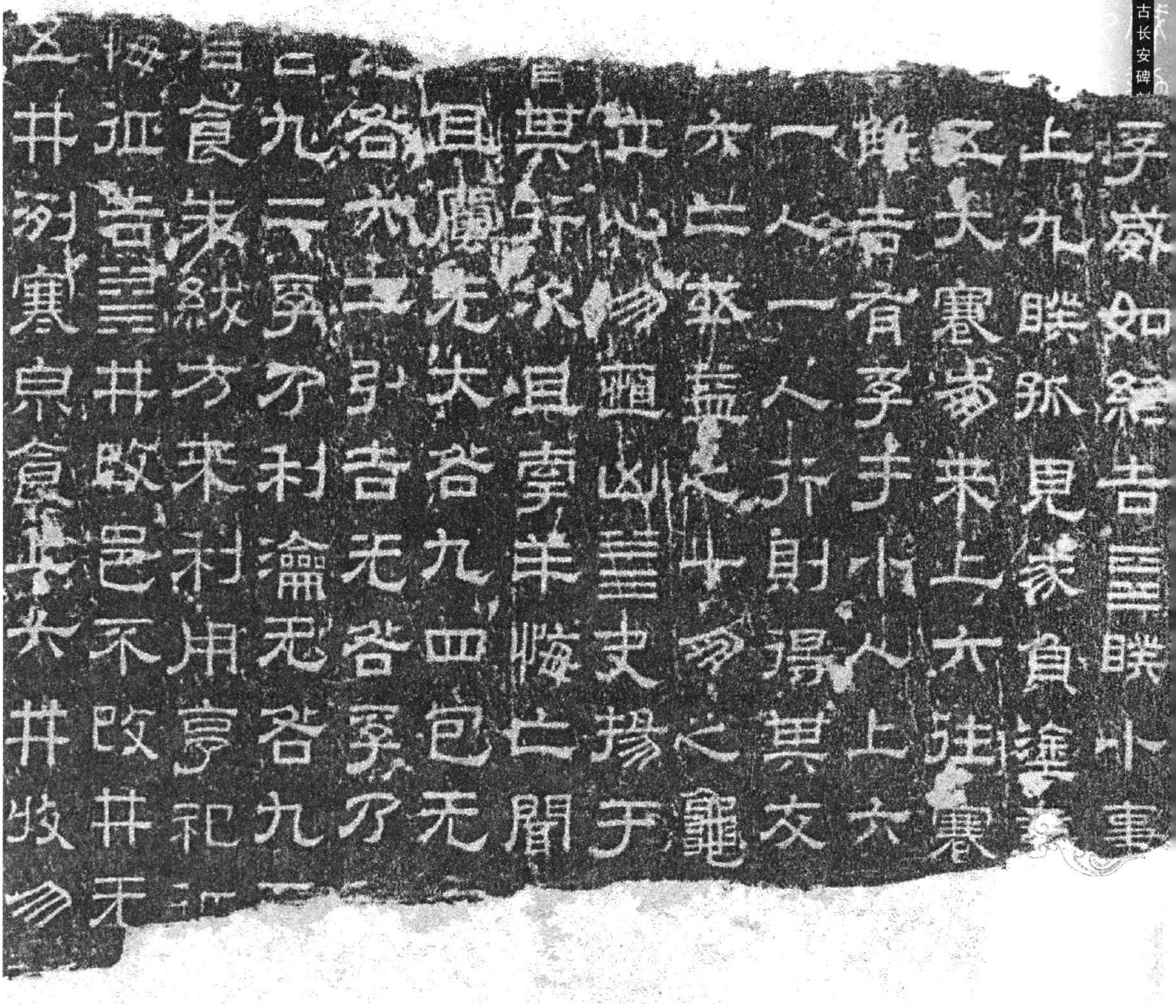

1931年，于右任先生从古董商手中购下了此碑，当时只付一半价钱，石仍存洛阳。两年后，同乡杨虎城将军公干南京，于先生委托他路过洛阳时办妥手续，将石经带回南京。可古董商未按约定在洛阳车站迎候，而在郑州车站出现，石亦未随身，直来直去的杨将军肯定也是很诧异的。车又行至开封，杨将军歇下，副官与古董商乘专列返回洛阳，取回石经，补足余款，遂交至于先生。后于先生在上海以拓本影印，好评如潮。

1936年，于先生将这块石经连同存放在南京、洛阳两地的墓志一起运回了西安。不久，抗战爆发，局势紧张，此石经价值非一般墓志可比，又为当局高官于氏的宝爱之物，为妥善保管此石，陕西方面可谓煞费苦心。甚至在其他碑石未采取保护措施之前，西安碑林管理委员会主任张鹏一就先期把它埋入碑林地下。后不放心，又从碑林地下起出，连夜亲自护送至富平老家，用大绳将残石捆牢，悬挂在自家的一口深井中，用盖盖严。1943年10月张氏临终前，一再叮嘱家人悉心保护，以期完璧归赵。完全可以想象，张氏及家人是如何度过那些提心吊胆的日子的。抗战胜利后，张氏之子赶忙写信给于先生的一好友和外甥，请他们设法将残石运走。于氏好友及外甥也格外谨慎，将其交给了于先生的侄子于期保管。

新中国成立后的1952年，政府依线索从三原于先生侄儿的家中取回了残石，重新入藏碑林，此时距1939年张鹏一将其运回富平老家，已十三年矣。

于右任先生宝爱此石，自有其道理。于先生书法的最高成就行草书就得益于汉魏，而汉代书刻近百年来鲜有发现，况为史上大书家蔡邕手书。如今，这块《熹平石经》就静静伫立在碑林三室东侧靠南墙的位置，像一个贪玩走失而被找回的孩子，缄默无语。

敦厚而不失风雅的秦人，为自己这些珍贵的刻石起了一个动人的名字

在西安碑林的历史上，镌刻着一连串闪光的名字。他们中有碑林的奠基者韩建和尹玉明，是他们把弃之郊野的石经移到了城内；有碑林的创始人北宋的吕大忠，是他主持操办在碑林的现址上形成了以《石台孝经》和《开成石经》为主的陈列格局；还有明时摹刻充实碑林的费甲铸；清时全面整修碑林的毕沅。但为它的发展做出了重大贡献的还要数现当代的于右任先生。

20世纪30年代中，在他的努力下，由政府拨款七万余元对西安碑林进行了大规模的整修，使得碑林规模进一步完善。又在自己捐出珍爱的《熹平石经》后不久，将“鸳鸯七

志斋”藏石387通悉数捐献给了西安碑林。

20世纪初的十几年当中，于先生曾为北伐而统领陕西靖国军东奔西走，此正值清末民初大量地下的碑版重现光芒之时，酷爱金石收藏的于先生自然不会错过这大好的时机，而且和在与自己有着同样雅好，又私交甚笃的副职河洛人张钫的君子协定中占得了先机，在出土的刻石中，唐的归张，汉魏归于。

想那20世纪初的一二十年代真是一个乱世啊，烽烟四起，民不聊生，而地底下的宝物也无宁日，纷纷被盗掘出土，在北中国，在黄河流域九朝古都的洛阳地区，显然会是一个热闹非凡的地方。“生在苏杭，葬在北邙”，山势峻美风景秀丽的邙山有着上等的黄土，在洛

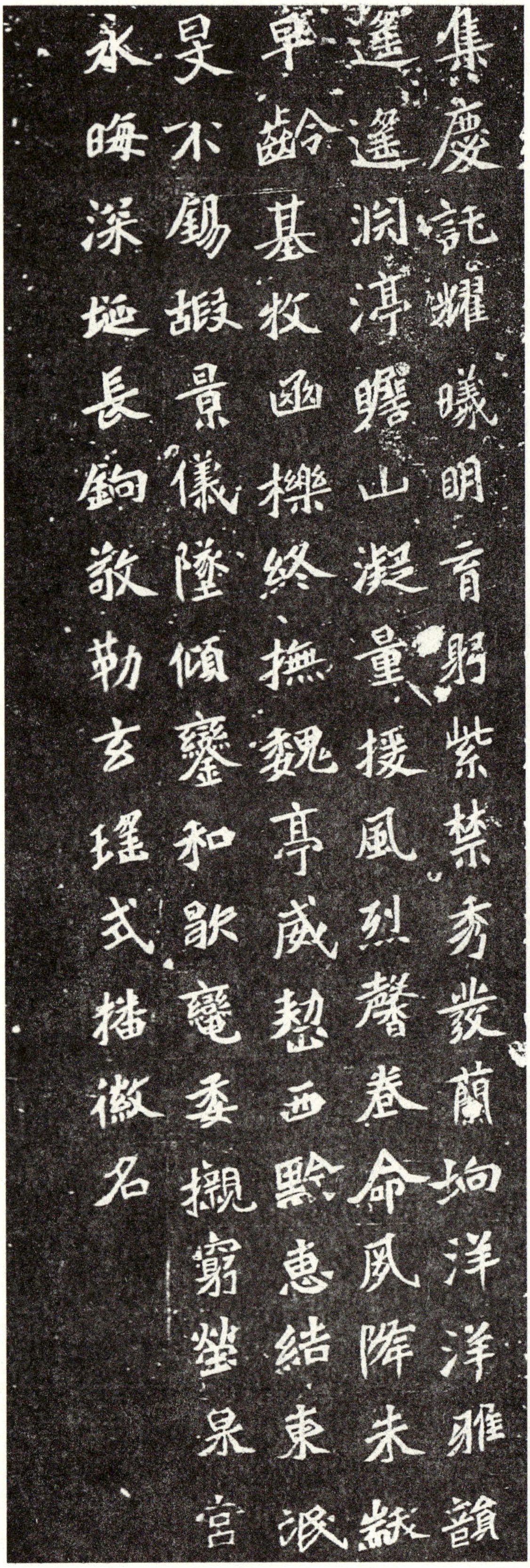

◎北魏《元桢墓志》

使持節鎮北大將軍相州刺史南安王楨
恭宗之第十一子　皇上之從祖也惟王體
暉霄極列耀星華茂德基於紫墀凝操形於天
儀用能端玉河山聲金岳鎮爰在知命孝性諶
越是使庶揆歸仁帝宗攸式暨寶衡徙御大訏
羣言王應機響發首契　乾衷遂乃寵彰司勳
賞延金石而天不遺德宿耀淪光以太和廿年
歲在丙子八月壬辰朔二日癸巳春秋五十薨
於鄴　皇上震悼謚曰惠王瘞以彝典以其年
十一月庚申朔廿六日乙酉窆於芒山松門已
杳玄閣將蕪故刊茲幽石銘德熏壚其辭曰
帝緒昌紀攀葉昭靈浚源流崐系玉層城惟王

君姓元諱嵩字道岳司州河南洛陽文始里
人也
魏恭宗景穆皇帝之孫任城康王之第二子
年卅九正始四年歲次丁亥春三月庚申朔
三日壬戌薨于州治秋七月戊午朔十六日
癸酉窆於河陰縣穀水之北崗其辭曰
祥曦璠嶺景衍乾緒彰瓌鏡暎貞彩韶浦袿
鉞再臨節開四府熏績南辰聰秘二主宜君
宜民顯文顯武德昭在三道光九五蕃輝未
暢報恩中心明塗永閟泉臺開始人之云亡哀
慟邦里況我孔懷痛何已已人無有言粤仁
者壽邦之矣梟庶貽不朽彝理豈恒顯道不
拘霜沵瓊波氷摧蘭軀眀守陸離窆寢泉居
揚門騁駟松埏奄金勒金重源永銘不渝

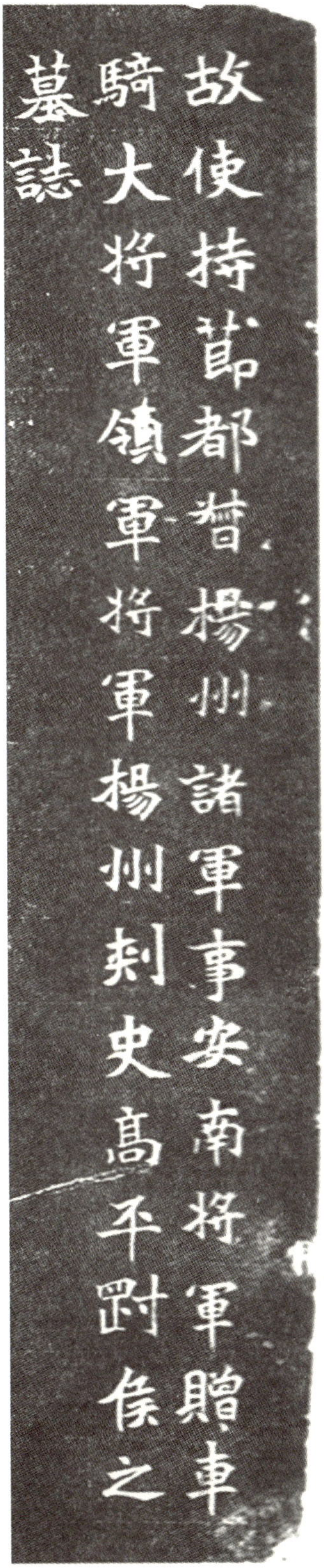

◎北魏《元嵩墓志》

阳之北沿黄河东西蜿蜒、逶迤而去，这里安卧着大量的皇室宗亲、达官显贵，尤其是北魏和唐的墓室居多。

北魏孝文帝真是一个有气度有识见的明君，他的一系列改革制度拯救了他的民族。最关键的是，他的改革最为彻底，不留后路，这一点让人钦佩。他将都城由僻处塞上、经济落后的平城（今山西大同）迁至洛阳后，便下诏规定拓跋人必须改籍贯为洛阳，而对于朝廷中三十岁以下的为官者必须讲正音（汉语），若再讲北语（鲜卑语）“降爵黜官”。当然，死后也不能再葬回平城了，你老惦着那地方不行，不会安心工作啊。于是，这些人死后都葬在邙山，连死在外地的皇室也要拉回来。《元嵩墓志》就载：墓主元嵩死在扬州刺史任上，千里奔波，归葬洛阳。

北碑或魏碑是人们对北朝书法的总称。从形式上来讲，北朝书法大体可分为四种，一是碑石，二是佛道造像石刻题记，三是摩崖刻石，四是墓志。清末民初在北邙山一带出土的大量的刻石主要是墓志。墓志是古代墓葬中重要的附葬品之一，它记载着死者的姓名、籍贯、履历、官职、谱系、生卒年月、下葬时间、葬地等，后面还有四言韵文的铭辞。魏时武帝以天下凋敝禁止厚葬，不得立碑，于是人们的目光投向了这种形制较小，不事张扬的墓志。这种刻石的功用应该说，和地面上的碑石是一样的，不仅有纪念的意义，也同样能使后人辨识墓冢所在。这种精巧的随葬石，书刻手艺高超，代表了那个时代书法艺术的最高水平。像于右任先生捐出的藏品《元桢墓志》，古拙生奇，富有蓬勃的生机和力量。《元嵩墓志》《元宁墓志》端正秀劲，透出一种质朴而坚强的气质。《元晖墓志》《元孟辉墓志》宽绰平稳，给人稳重亲和的感觉。北朝这个时期的书法带着少数民族的气质和情性，与汉民族文化形成了良性的冲撞与融合，是一朵中国书法历史上的奇葩。你可以认为，它是汉

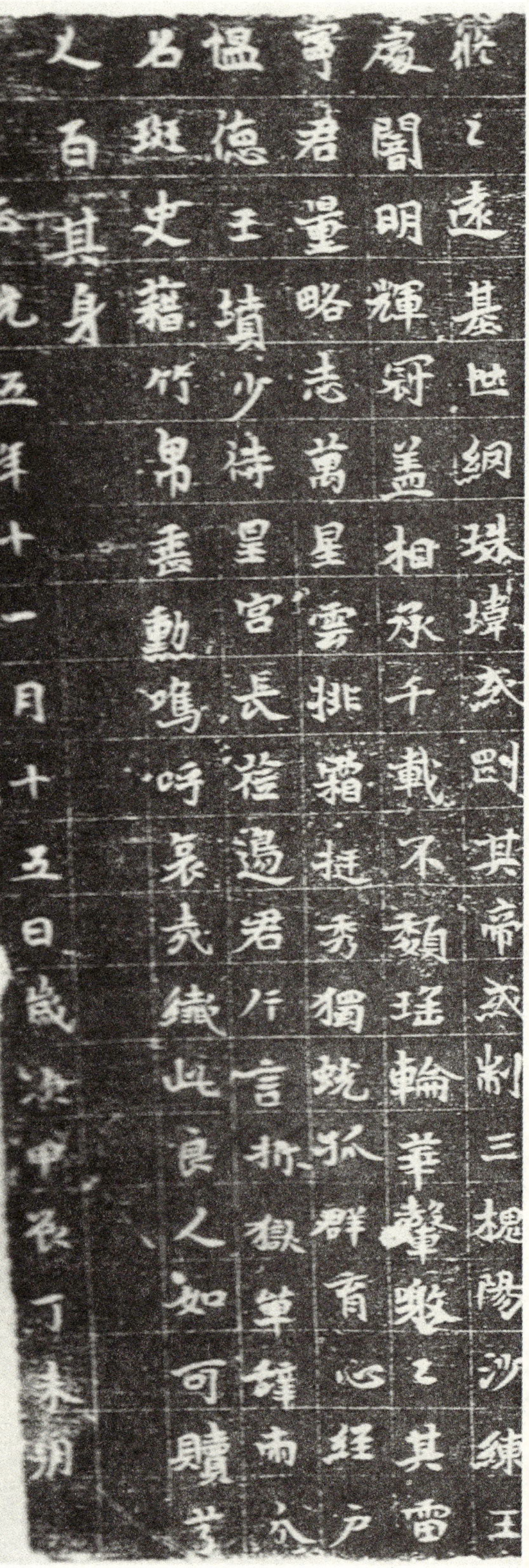

◎北魏《元宁墓志》

魏故輕車將軍元君墓誌
君諱寧字阿安河南洛陽人也其先唐堯之苗裔[illegible]
高之胤晉孝章帝之後君故使持節驃騎將軍雍州
刺史內都大官賀匹鎮都督武陽侯渴洛侯曾孫故
平遠將軍散騎常侍殿中尚書領軍將軍始平公[illegible]
屈頭之孫故岐州刺史之子君託懷綺羅年好眷
孝弟之稱朝野明聞 旨補騎官之任釋褐殿中將
軍稍加位号還授輕車將軍暇寐龍門掃纓鳳闕豈
悟神祇濫羅斯罰春秋六十有壹以正光五年薨於
京師 皇朝失色槐術驚顏衢男綴歌於巷首隣婦
奄相於春邁三其年十一月十五日歲次甲辰還兆
於大陵東北冀罔之陽咸見為之泣涕攬歌之而哽
咽嗚嗟哀哉乃作銘曰

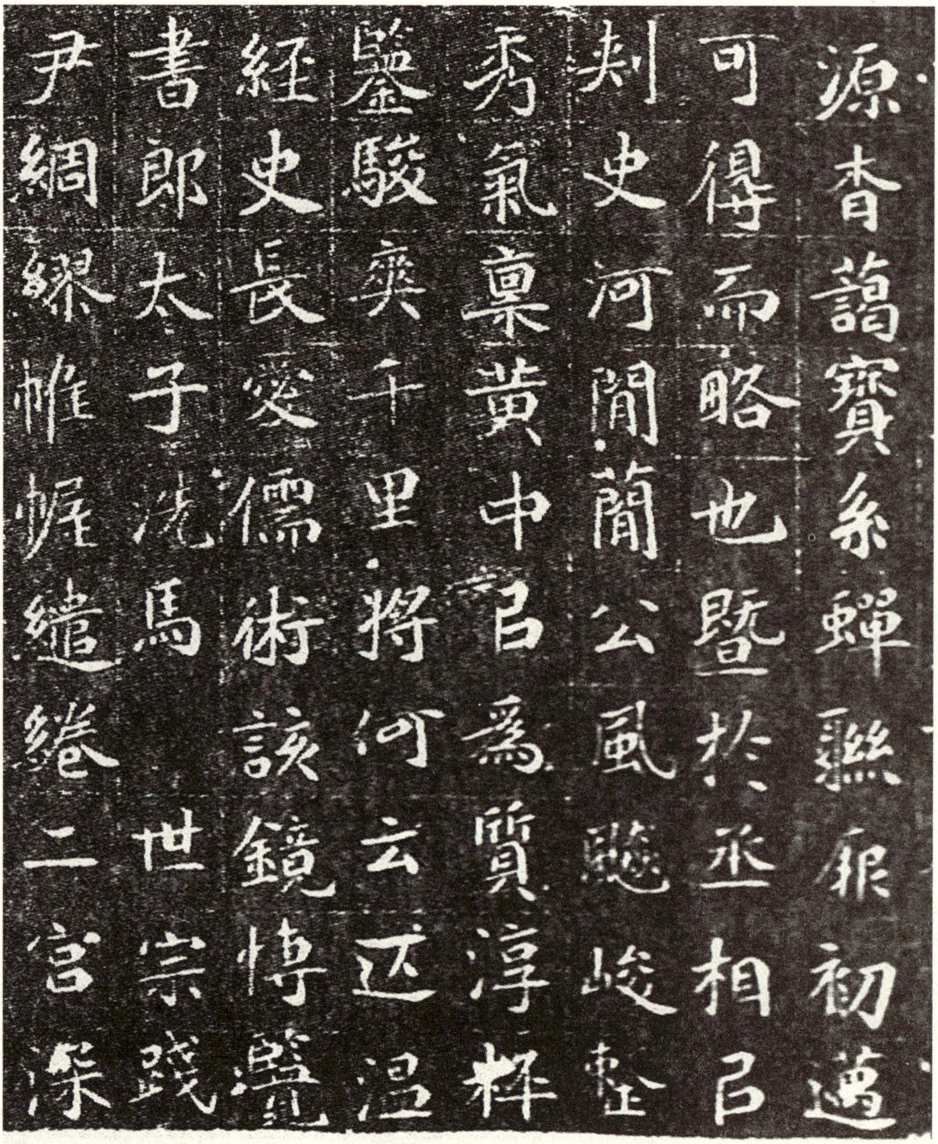

◎北魏 《元晖墓志》局部

◎北魏 《元孟辉墓志》局部

◎隋《刘德墓志》局部

文字书写由隶书向楷书的过渡，也可以不问源流认为它是一个独立的篇章，个性十足，面目粲然。从以上所提到的魏碑墓志中，你还真的寻找不到汉隶的信息，倒是今藏在河南博物院的《元彬墓志》，隶意丰饶，尤为我喜欢。

至20世纪30年代初，于先生搜集到的墓志已三百余方，敦厚而不失风雅的秦人，为自己这些珍贵的刻石起了一个动人的名字：“鸳鸯七志斋”。盖是因为石中有七对夫妻的墓志。虽然唐晚于北朝，但张钫在数量上并不吃亏，那个时期计有一千九百余唐墓志归他所有。而且，有唐一代，楷写至法，近两千方墓志的书写面目纷呈，烂漫多姿，直看得张先生心花怒放，不能自已，赶忙在家乡洛阳新安的“蛰庐”私宅，建砖拱窑洞十五孔，嵌墓志于壁上，并谓之“千唐志

以弥繁波瀾漫而遂遠
情艳之司直父海朝請
君雅性自然深衷不測
儒書便將道合暫窺兵
略致遠成壘便有異於
徒孔熾轉戰而接王城

◎隋《王弘墓志》局部

斋”。“谁非过客？花是主人”，斯人已去，而东西两处墓志收藏之双璧熠熠生辉，照耀后之来者。

于先生捐赠的这批刻石，对西安碑林来说，也有着非同寻常的意义。文物学家曹仲谦先生民国二十七年（公元1938年）所撰的《鸳鸯七志斋记》中，对这批刻石的价值有过论述：“西安碑林之石刻，创造于唐，内多唐代名贵碑石，沿至宋、元、明、清，屡有增益，数达五百余种，一千一百余石，独缺晋魏石刻，秦汉碑版更无矣。三原于右任先生，竭其生平之力，搜集海内出土志石，不下三百八十余方，魏墓志居其泰半，齐、周、隋、唐外，尤以《熹平石经》残石更为稀世奇珍。”

议论《鸳鸯七志斋》这批藏石，人们总在关注汉魏刻石如何补全和丰满了西安碑林。其实，在这批藏石中，有一百余方隋代的墓志应该引起我们足够的认识。隋代书法在史上总是一个过渡性的段落，言及书写，也仅仅是《龙藏寺碑》。在于先生指出的这些隋代墓志中，整个的书写处在一个很高的水平上，点画中规入矩，结字匠心独具，技术水准绝不在《龙藏寺碑》之下，而且同《龙藏寺碑》一样，已将北朝古朴雄强的风骨与南朝秀丽温婉的韵致结合在了一起，呈现出了秀美雅健，端正清逸的书风。像《张乔墓志》《刘德墓志》《王弘墓志》《明云腾墓志》等，都应该和《董美人墓

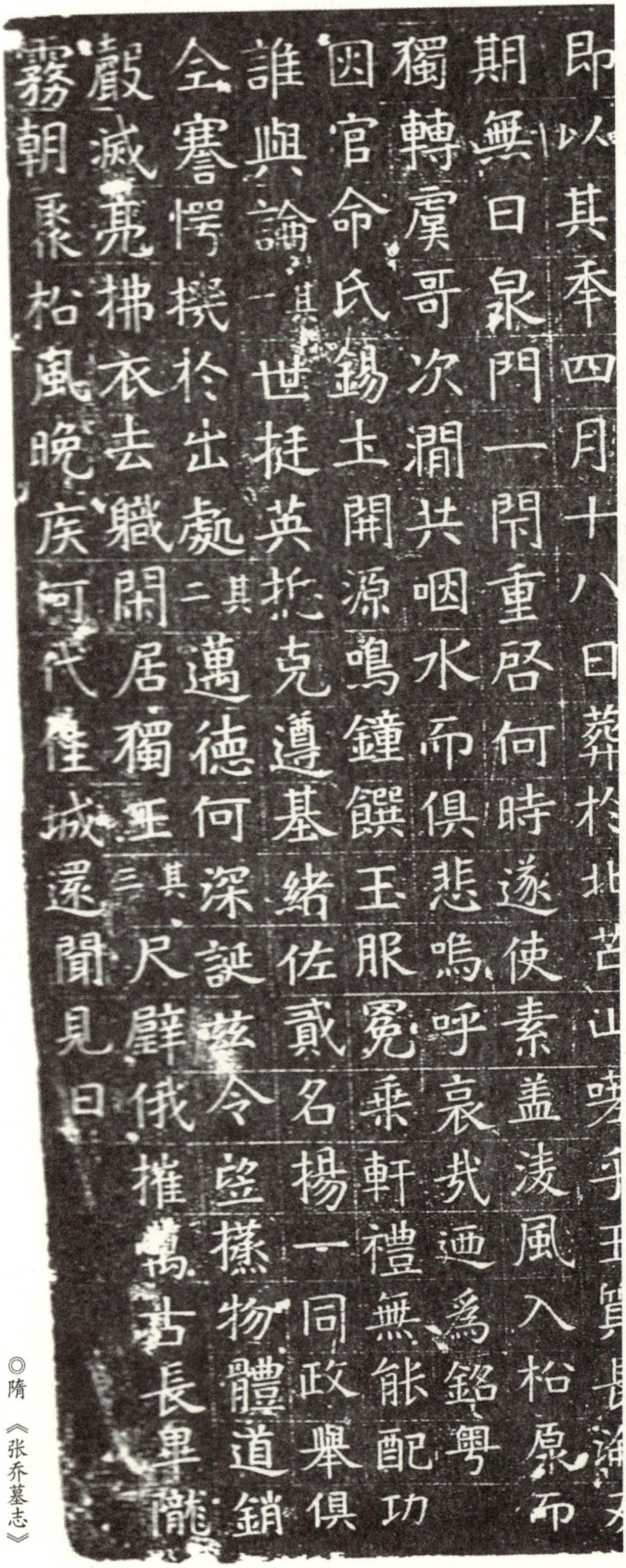

◎隋《张乔墓志》

齊淮陽王府長兼行叅軍張君墓誌銘
君諱喬字仲賓河内循武人也容根彼樹瓊枝蔚而獨
高洪源既啓清瀾注而不竭英賢繼軌宰輔相傳煥乎
圖書可略揚搉祖倩魏銀青光祿大夫兖州長史父瑒
并州太原縣令並清規茂範標暎一時惠化殊功哥頌
仍在君幼而岐嶷長而明敏不釣虛名耻拘小節加以
學贍今古氣高雅俗雖復應王多藝遜此非儔兒寬周
人方兹爲劣年廿八釋褐齊淮陽王府長兼行叅軍非
其好也遠乎國命將移世物多故君心存遠害委任言
歸優哉遊哉貴符性賞是以林泉勝地無懈之尋琴酒
故又不虛風月每言與善斯實謂仁者壽豈晤靈椿奄
從朝露大隋大業六年四月五日終於宅年六十有四

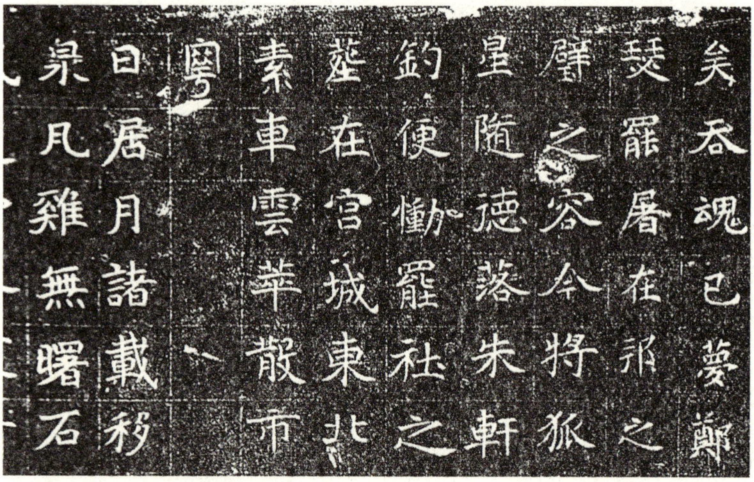

◎隋 《明云腾墓志》局部

志》《苏孝慈墓志》一样，成为隋代书写的代表性作品。从这个意义上讲，这批刻石也同样填充了隋代的书法，对于整个书法史的健全，又是一个良好的增益。

我们的前人为什么要给后之来者一个珍贵的遗赠呢

八九百年前南宋时的某位贤人，曾在一个或是风日晴和或是风雨如晦的日子里，作出过一个决定，要给后人赠送一份礼物。于是他把一张整幅的唐怀仁和尚《集王羲之圣教序碑》拓片，连同数十枚硬币等物亲手包裹好，深深地放置在了《石台孝经》背面的石缝中。

时光到了20世纪70年代初的某一天，人们在整修碑身倾斜的《石台孝经》时，偶然发现了这个纸包，打开一看，简直不相信自己的眼睛。是欣喜若狂奔走相告呢，还是严守机密不准走漏风声呢？反正是一件大事发生了，一件大喜事发生了。不可思议，这简直是又一刻拍案惊奇！

《集王羲之圣教序碑》在宋以后断裂，此整幅拓片为碑完好时所拓。国内现所掌握的十数个公私收藏的未断裂时拓本，全是把整幅拓片剪裁，按文章顺序装裱成册的剪裱本。包裹中的硬币，有宋“淳化”至“宣和”共十四个年号，另有金代“正隆元宝”钱币一枚。还有女真文书残页十一件，《东方朔盗桃》版画一张。发现时拓片整整齐齐地折叠着，受潮霉烂处有二百来字不同程度受损，但绝大部分文字完好地保持着初拓时的模样，字口清晰，纸背笔画拓痕凸出。整幅拓片是由二十八块一尺见方的白麻纸拼贴而成，拓工精细，用墨深重，用笔的牵丝连带真切可见。

历经十六年艰辛取回梵文佛经的玄奘和尚回到长安后，奉敕在弘福寺专心译经卷，并上表请求皇帝为经文写序。崇佛的太宗欣然应允，又由太子李治写记，玄奘再上谢表。这些连同他翻译的心经，一起让一个擅长书事的怀仁和尚用了二十四年的时间，从内府所藏的王羲之遗稿中，集字摹刻上石。从此，王字中最为真实可信的碑版实物，就在长安这块土地上深深地扎下了根，直到今天，它依然精神在此碑林的第二室。面对印行的帖子，一个个字那样打动人心，可伏在碑前，看它洁净的碑面上，字却显得那么小，有些孱弱，让人心生怜爱。此碑立起来以后，人们对它的宝爱程度可以想象，定是日夜捶拓者不断。经年累月，那么细小的点画是经受不了这种敲击的，渐渐地碑面磨平了，字的丰腴感觉也没有了，成了一副消瘦的架子。清嘉庆年间，曾对碑子铣剔过一次，以图恢复原貌，尽管剔工精细，但王书的神采和气韵已难以找回了。

怀仁这件事情做得唐太宗当然也高兴。文学与书法都相当了得的李世民，对王书的酷爱可谓是地球人都知道。他曾指令国库中出重金购买王羲之的真迹，当然还发生过御史萧翼向辨才和尚骗取《兰亭序》真迹之事，据说，还是受了李皇上的旨意。不管怎样，喜爱之情可见一斑，弄艺术的人有时候有点儿偏执，可以理解。

◎唐 《集王羲之圣教序碑》

我也猜想过，我们的前人为什么要给后之来者一个珍贵的遗赠呢？他不会是出于好奇心，或是随手那么一放，他一定是忧于当时此碑捶拓不止的境况，才将自己的珍藏拿出来，我们应该深深地感谢他。而在当年对《石台孝经》的维修完工时，碑林的人们在发现拓片的原榫铆处，也放置了数枚人民币硬币和当时报道此事的《陕西日报》。我想，他们是在给后人讲述此事，同样，也是在告慰我们的那位先人。

真正写出晋人倜傥风流时代精神的，是献之

王羲之、王献之的字，我也是喜爱多年，临习多年，有关他们，我可以讲出很多的话。对于书圣王羲之，我独不喜他的《兰亭序》，尽管我不否认它的难度和美好。西安碑林有多个《兰亭序》的摹刻，有一次，我和朋友就在第七室北墙西侧窗下，面对着一通摹刻唏嘘不已了老半天。但“二王”的那二十来个摹本我很喜欢。“一夜纵横八百里，破却严寒向崇明。问讯扬子山阴事，红梅一枝照我心。”数年前，我去上海参观过一次展览，有幸见到过“二王”父子及许多历史遗留的经典书帖，这首小诗记录了我当初的激动。

“二王”的二十来个信札的唐宋摹本，其实《阁帖》里

也有一些刻制，但毕竟和这些“下真迹一等”的摹本观赏起来，感觉不一样。这些书法珍品历经千年历史的风雨，让人面对它们，分明能感觉到它的温润与沉静中，寓有几多的刚强与柔韧。这种文化传承的力量，无疑来自于世道人心，这岂止是一张薄薄的纸笺，这是中华民族源远流长的文化标志

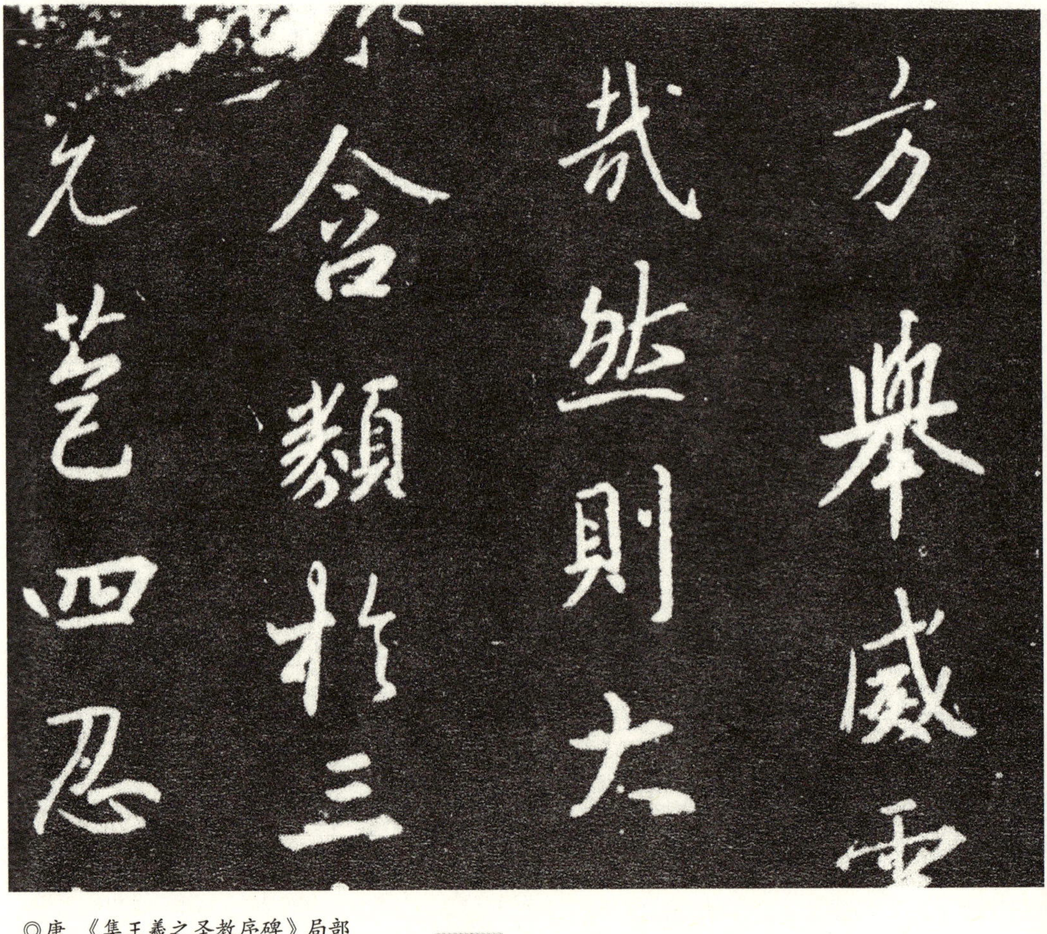

◎唐 《集王羲之圣教序碑》局部

和历久弥新的生命代码。由此，我们也足以有理由相信，传统文化的生命力是顽强的，每个人都应该有传承民族文化的义务与责任。

面对那些书帖，除了看材料的质地、墨色、印章，以及装裱的整体情况外，再就是为了寻找点画线条如今在那纸、绢上的感觉，体会这穿过历史云烟的书迹整体上所透出的气息。印象中的印刷品，感到字很沉实，而看那些年代久远的纸本，怎么看那墨都像浮在表层，甚而有一种贴上去的感觉。这显然与墨色渐褪有关，而印刷品则可加重油墨，使点画线条的墨色新亮如初。

同是唐代的纸本摹

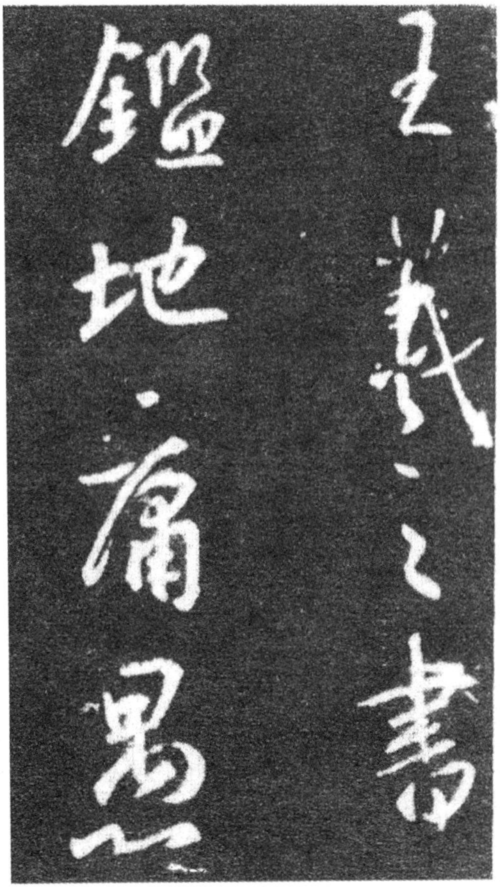

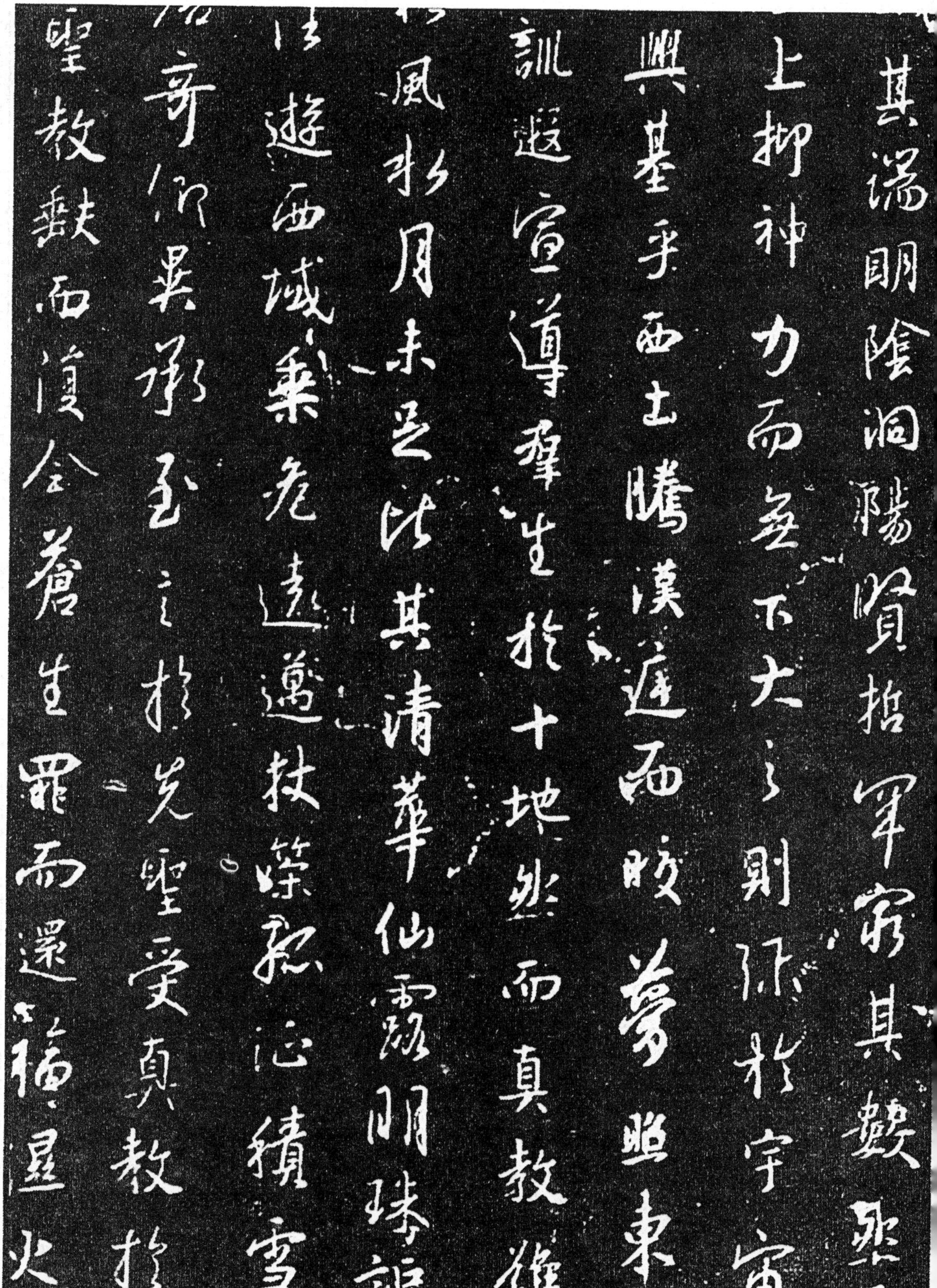

◎唐 《集王羲之圣教序碑》局部

品，但材料不同，给人的感觉也是不一样的。《上虞帖》使用的是上过蜡的硬黄纸，而《王氏一门书翰卷》则使用的是普通的类似麻纸的一种纸。所以，《上虞帖》任凭你从哪个角度去看，都严密得像一张无纹的塑料布似的，而《王氏一门书翰卷》则纸的纤维感非常清楚。面对这纸，尤其是从其火痕水渍之处看去，你会很自然地想象书写时墨入纸的感觉。

王羲之是中国书法史上的圣人，写字必言羲之，其逸闻趣事，广传民间，妇孺皆知，但其真迹已被无情的历史埋没，今人无法看到，这不能不说是一大憾事。但他在人们心目中几乎已被神化为一个偶像，一种精神上的力量之源。羲之在汉字由隶转楷的过程中，突破陈规，起到了关键性的作用，其所创造的书体被称为“变古形”，即变化隶书的形体，他对中国文化的推动作用是不言而喻的。因此，获书圣之名，实不为过。而其子献之是实现隶书至楷书过渡与飞跃的彻底完成者。王羲之、献之父子在书法发展过程中厥功至伟，无论怎样形容其书法风格，都显得过于表面化，关键是他们适应了社会发展的节奏，找到了汉字书写规律性的东西。换句话说，汉字就应该像他们那样去写，自然经得起历史的汰选。

但父子二人的书法风格又不是完全一样的，尤其是用笔上，可以说区别大矣。在南朝之宋、齐，献之书名远在其父之上。唐初羲之的书法被一个马上安天下的大人物喜爱上了：“旷观古今，堪称尽善尽美者，其惟王逸少乎!”羲之随之独步书坛已逾千年，献之也没办法。但在两人之间，我则更喜欢献之，他易其父的内擫为外拓，变“古质”为“今妍”，使字更为潇散自由。不止是我一个人这样认为：真正写出晋人倜傥风流时代精神的，是献之。

当然，任何书法家之间也都是可以比较的

唐太宗李世民推崇羲之书法，帮助其取得了书法上的正宗地位。这还算罢了，关键他还贬损王献之，说献之书法“疏瘦如隆冬之枯树”“拘束若严家之饿隶”。业务上的高手孙过庭也明确地指出：“献之书法无论专长还是多能，都不及其父。”客观地看，这些评论都不全面，都有失当之处。但领导与技术权威都发话，那还了得，加之中国传统的伦理观念的影响，小子怎敢超越老子，于是，儿子只得当儿子。以至当时的谢安问及献之，你的书法于乃父何如？献之的确不好直言，但又回答得很耐人寻味：我和父亲自有不同的地方。

此问题在唐以后的历朝历代中，仍被时时提及。论及羲、献书法，必须给他们父子分出个胜负高低来，这也说明，献之的实际影响仍很厉害。唐的威严与品评，还不足以使得后人唯唯诺诺，即便在当朝，李邕、张旭、颜真卿、怀素、柳公权等书家，也照样敢分庭抗礼，爱慕王献之，并从中获得收益。宋之米芾以及明末傅山、王觉斯等大家，也同样从王献之那里得到了不少启发，这着实让唐太宗与孙过庭有些尴尬，有些难堪。

人们对于艺术有好恶之分，是很自然的事情，而要面对艺术机械地加以比较，非分出个高下来，实在也有些不明智。“二王”书法从中国书法的全过程来看，羲之自然比献之的影响要大，但二人书法各有特点，各有千秋，正是他们的共同努力，才成就了晋代书法的高峰。

“二王”书法并称王体，实际上，一般爱好者如不加以深究，这笼统的叫法，是很能让人的阅读走过程的。而起步于家范的献之书法与其父的区别，必须随着对他们书作分别解读与研习的深入才能明朗。

羲之书法，源于篆隶碑版，妍美流便之中，古质瘦劲，俊朗超逸。而献之书法妍润圆腴，柔媚多趣，真气弥漫。这种风格上的不同，毕竟是表面化的东西，而造成这种不同风格的真正根源，在于技法运用上的差别。仅就用笔而言，羲之书法，笔势多内擫。献之书法与之相反，多为外拓。内擫的笔势转角处以顿折为主，外拓的笔势转角处则多为提转。一般来说，内擫与方笔相联系，外拓与圆笔多一致，这种用笔的不同，造成体势有别。内擫的写法使得字的左右两竖呈相背之势，而外拓的写法则使字相向。相背的字向中宫有一种收势，显得硬朗瘦劲，凛然挺拔。相向的字则生气和张力顿生，散发出昂扬蓬勃的活力。

我们说“二王”父子书法风貌的不同，根由便在这里。方笔与圆笔，内擫与外拓，实在是书法的两个技法范畴，两种不同的概念，羲、献父子对它们的运用和表现不同，实则构成了“二王”书法的两个系统。

笔法是书家用笔的方法，作为一种艺术表现形式，应该是没有优劣之分的。对它们的理解正确，运用合理得当，就会有好的艺术效果。羲、献两人，各自找到了属于自己的艺术语言，因而分别写出了特点鲜明书风迥异的优秀之作，也都成为了中国书法上名垂青史的人物。而人们尤为喜欢将他们两人相提并论，相互比较，只不过因为他们是父子罢了。当然，任何书法家之间也都是可以比较的。

献之不仅在用笔上有着新的思考、新的探索，在结体上也敢于突破，敢于创新，他首创的非行非草，就有着书写的革命意义。直接脱胎于章草的今草，字字独立，多不相连。从羲之草书的多个书帖中完全可以看得出来。这些带有浓重章草痕迹的今草拘谨呆板，“变古不尽”，不能不说是羲之草书的一个遗憾之处。而严格的家学传统并没有限制献之的思维，相反，其身上遗传的创新活力早早就显现出来。他小小年纪就曾游说其父改变章草书体，而在以后的习书实践中身体力行，直接上溯，从张芝的“如流水速，拔茅连茹，上下牵连”的草书上寻理探情，对其父王羲之的草书在批判中继承，终于探索出了既有连绵不断的行气，又有清新流便形态的一种行草相杂的书体，这种“草稿”写法对当时的书写产生了很大的影响。这种在书体间气势上的大胆变化、大胆创新，蜕尽了羲之草书胎息于章草的遗留，从精熟程度以及神韵气质上，都完成了从章草到今草的变化。

献之的此类行草有《鸭头丸帖》《中秋帖》《东山帖》，其次，还有《地黄汤帖》和《送梨帖》等。这种非行非草的书体灵动多姿，极尽放逸之势，整篇行草相杂，又自然和谐。笔触映带自然，气息连贯畅通，求重心于参差攲侧之中，穷变化于法度规矩之间，曲尽其妙，动人心旌。

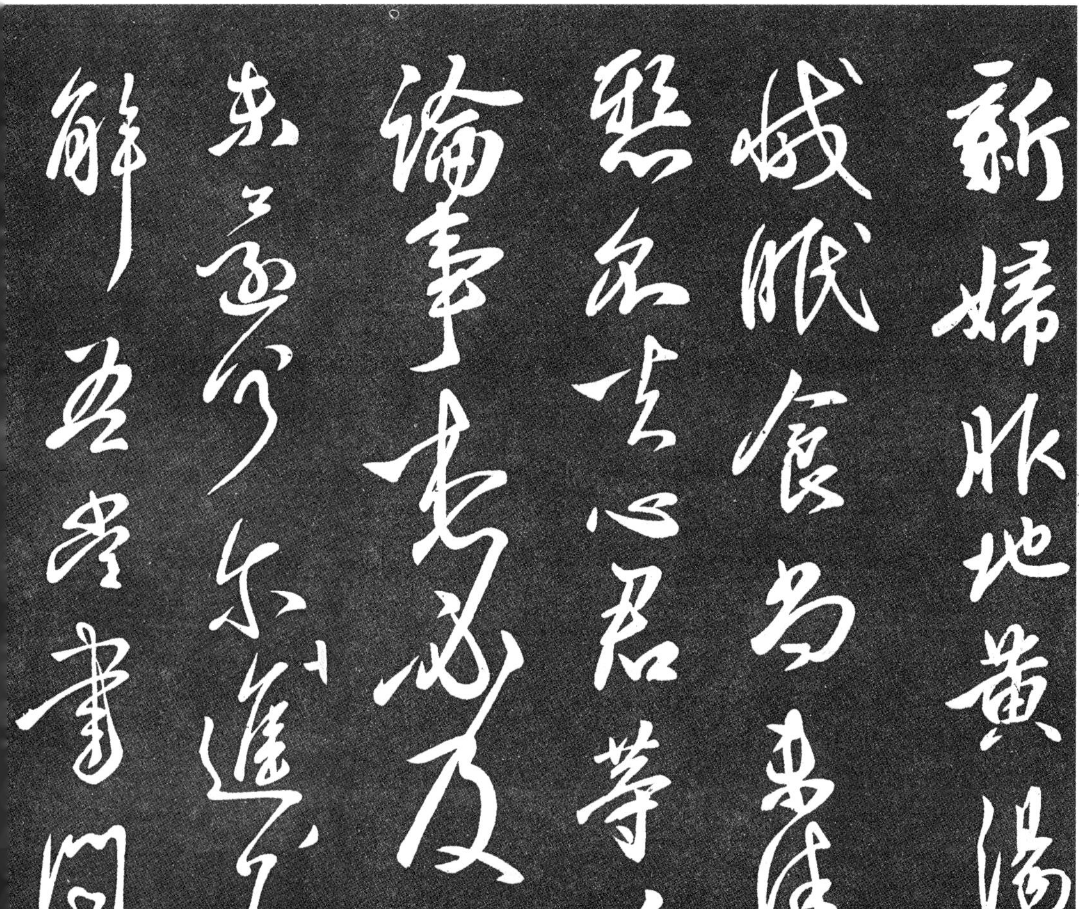

◎清刻《淳化阁帖》局部

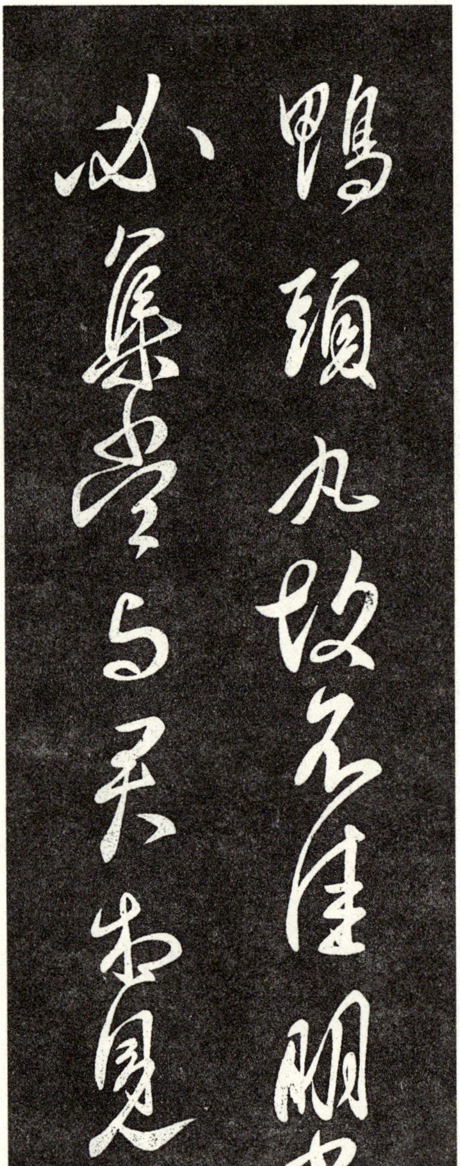

◎清刻《淳化阁帖》局部

模仿无疑会让丛帖中晋之书法呈现出习惯性的一致

西安碑林第七室，是碑林中套着的碑林，这里一部完整的《淳化阁帖》被完好地保存在一个个铝合金柜架内，整齐划一的长方形刻石上，一个个刻字珠圆玉润，玲珑剔透，甚是可爱。

宋太宗淳化三年（公元992年），赵光义命翰林侍书王著收集历代法书，汇刻《淳化阁帖》，计收入103人法书，420帖。先将其刻在木板上，存放宫廷，拓印成墨本分赐大臣，不久刻帖即毁。由宋到明，公私复刻甚多。明太祖朱元璋封守西北的十四子朱模为肃王，并赐《淳化阁帖》一部，后以这部宋帖为祖本摹刻上石，而西安碑林的这部刻帖，便是清顺治三年（公元1646年）依据此摹刻的拓本刻制的。

刻帖或有早于《淳化阁帖》的，但现公认它是第一部丛帖，为丛帖之祖。正如启功先生所言："刻帖始于什么时候，这是个尚存争议的问题。根据古代文献记载，有的认为始于隋唐，也有认为始于五代，可是都没有确认为唐或五代的法帖流传。今天所见的汇集了古代魏晋至隋唐的墨迹，刻成一部类似《书法全集》的法帖，是宋太宗淳化年间的《淳化秘阁法帖》。"

刻帖无论在什么质地的材料上进行，它都是有很多方面不足的。对原作信息传达的不够，丢失情况严重，人们摹刻它，既是当时条件下，最有效最先进的保存和传播古法帖的方法；同时，从某种意义上讲，也是无奈之举。而摹本则要好多了。无论刻本和摹本，当然都不及真迹了。

对《淳化阁帖》临习久了就生出了疑问，那就是整部丛帖中，晋人的行草书面目多多少少都表现出了与羲之书法的一致性。凝之、徽之、操之这些王家子弟的书风源于家范姑且不论，就是郗鉴、郗愔这些郗家人物也与羲之行草书面目极为相像，甚至如东晋元帝、康帝这些人王也都在一定程度上表现出了与王书靠得极近。

我没有认真考证过这些人物的生卒年月，他们的书法是否真正就是师法羲之，或受其影响？一个时代是有一个时代的声音，但晋代的声音如此相近，几乎要让人产生疑问，这些刻帖原本是否都出于一人之手？

现在一般的书学界都这样认为，王羲之的真迹于南宋时

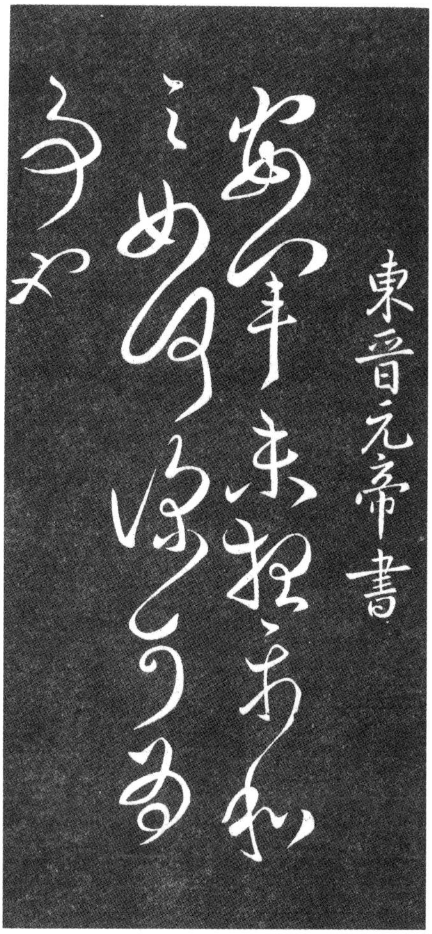

◎清刻 《淳化阁帖》局部

即已不存于世，在北宋初年摹刻《淳化阁帖》的时候，内府所藏还有二百余件。当然，这其中已经掺杂摹本、临本，以及造假之物。而在唐初的时候，御府出金帛征购王羲之真迹，使得王氏书迹达三千纸。唐去东晋已越三百年矣，其间王朝更替，战乱频仍，文物的散失可以想象。而且当年的右军，门阀世族名士，视书法为陶冶性情的养生之道，不主张特别为之而苦心劳力，这种“无意于书，不期而至”的书学态度，何以又让他写下了如此众多的书作。当然，这里面肯定有不少王书真迹，可宋又距唐初近三百年了啊。宋太宗赵光义是心情，翰林侍书王著则是遵命，而从清末，就有了时断时续的关于羲之书法真实性的问讯。

以后的阅读让我知道了，事实的确如此。《淳化阁帖》的选录者王著是书家，但并不是一个文物考据学家，因此不仅编撰不清，鱼目混珠，而且此丛帖真的是经人从书

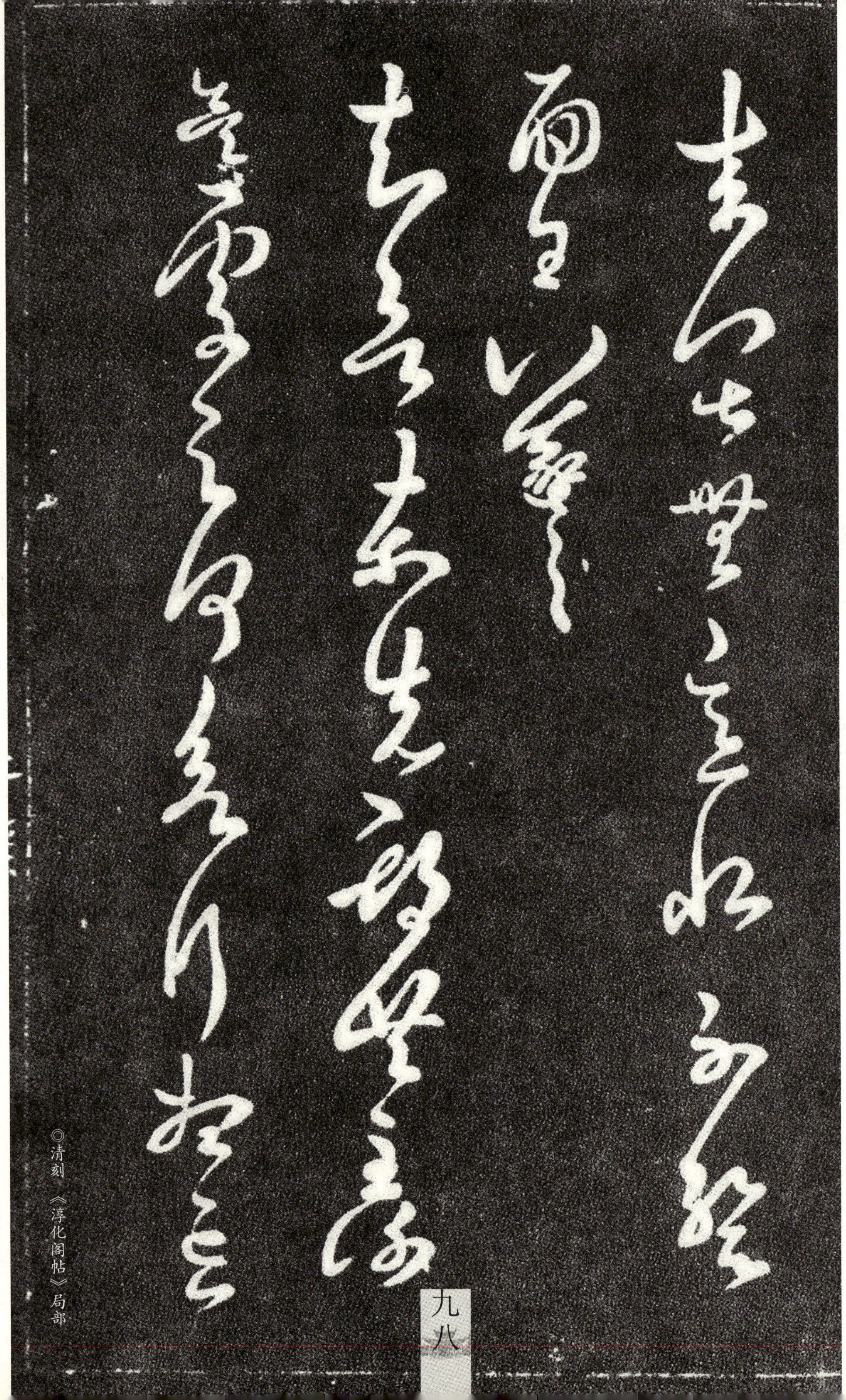

◎清刻《淳化阁帖》局部

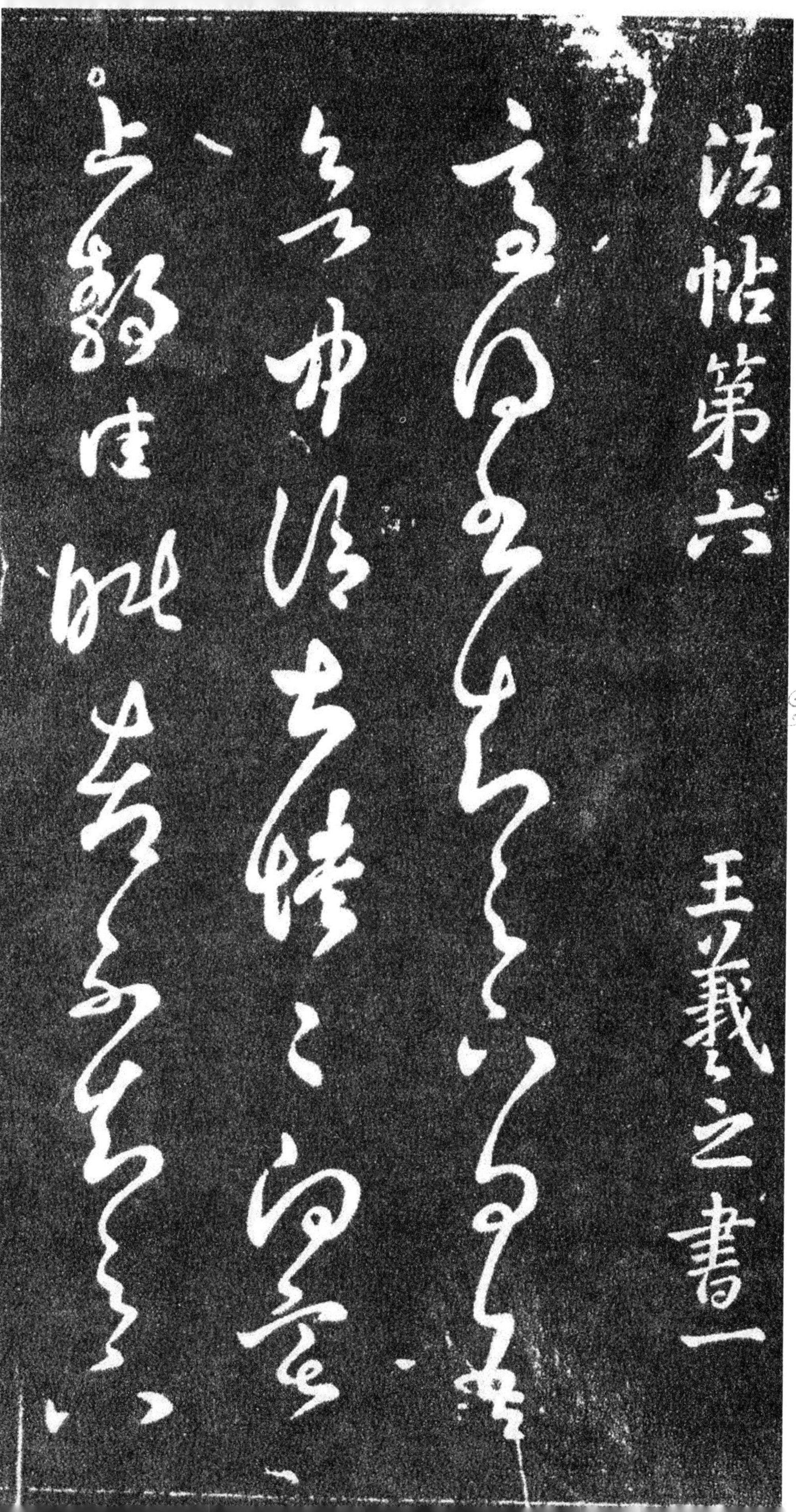
法帖第六
王羲之書一

迹上模仿以后再上石秦刀的。这样，走了样的模仿显然打上了模仿者的痕迹，就一般情况而言，一本丛帖的模仿者不会有多个人，而一两个人的模仿，无疑会让丛帖中晋之书法呈现出习惯性的一致。当然，献之有些不同，他的前面，照应的是张芝。

无论怎样追寻他们的渊源，一旦进入晋人的点画之中，总让人去想象晋时澄澈清明的天空下，阵阵微风荡漾，翠竹青青，绿水长流。连年的战乱，旧的封建统治秩序已被打破，两汉以来儒家独尊的局面也已不复存在。暂时的偏江南一隅，人们在喘息中寻求着自由的气息，思想情感在玄学、佛学、道学的轻风里徜徉。晋人那种极度的逃避现实，崇尚清谈，纵情于山水之间，以自快其心意的处世态度，深深地影响到了艺术的发展，此时，秦汉书法的质朴和厚重，已显得极不合时宜，细腻婉丽的流美之风代之而起，是很自然的事情。

这无疑是西安碑林所藏王氏家族书法的又一通珍品刻石

其实，在唐太宗李世民之前，南朝的梁武帝萧衍也是一个王羲之的铁杆粉丝，对王字热烈追捧。一天晚上，梁武帝灯下面对王字越研读，心中越欢喜，即招来大臣殷铁石说：咱们现在的公务员字写得太差，影响办公效率和质量，再说，字也是人的门面嘛，你看看人家前朝的王右军字写得多棒，咱要向人家虚心学习。去挑出他一千个字，先让诸王临写，写好有赏。不几日，殷铁石奉上精心挑选出的一千个王字。萧皇上手执集字，看着看着皱起了眉头，字个个都好，但就是不成体系，需要捋一捋。他又叫来文字侍从周兴嗣说，你去想想办法。老周得令不敢怠慢，一夜之间就将这一

◎宋刻 隋智永《真草千字文碑》

千个字整理成了含义相连，文气贯通，辞藻华美，韵律和谐的美文，这就是历史上流传至今的千字文。萧皇上读罢这篇美文，又看着周某人一夜之间的满头华发，又激动又心疼地说，老周，你干得好，你真有才!

的确，一般人给你十个晚上，把你的头发白上十次，也把一千个字编排不出来这样精美的文章。千字文每句四字，

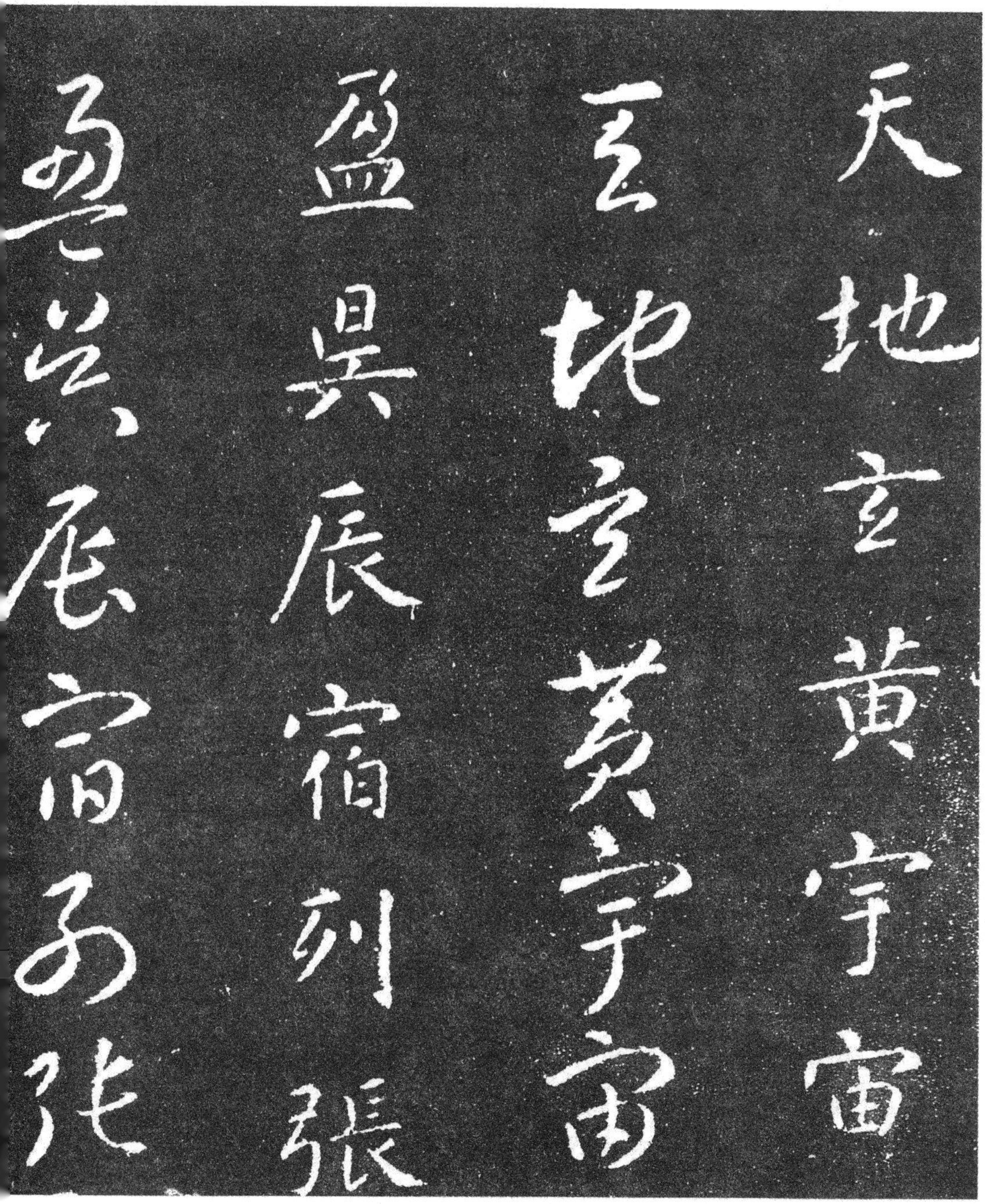

◎宋刻 隋智永《真草千字文碑》局部

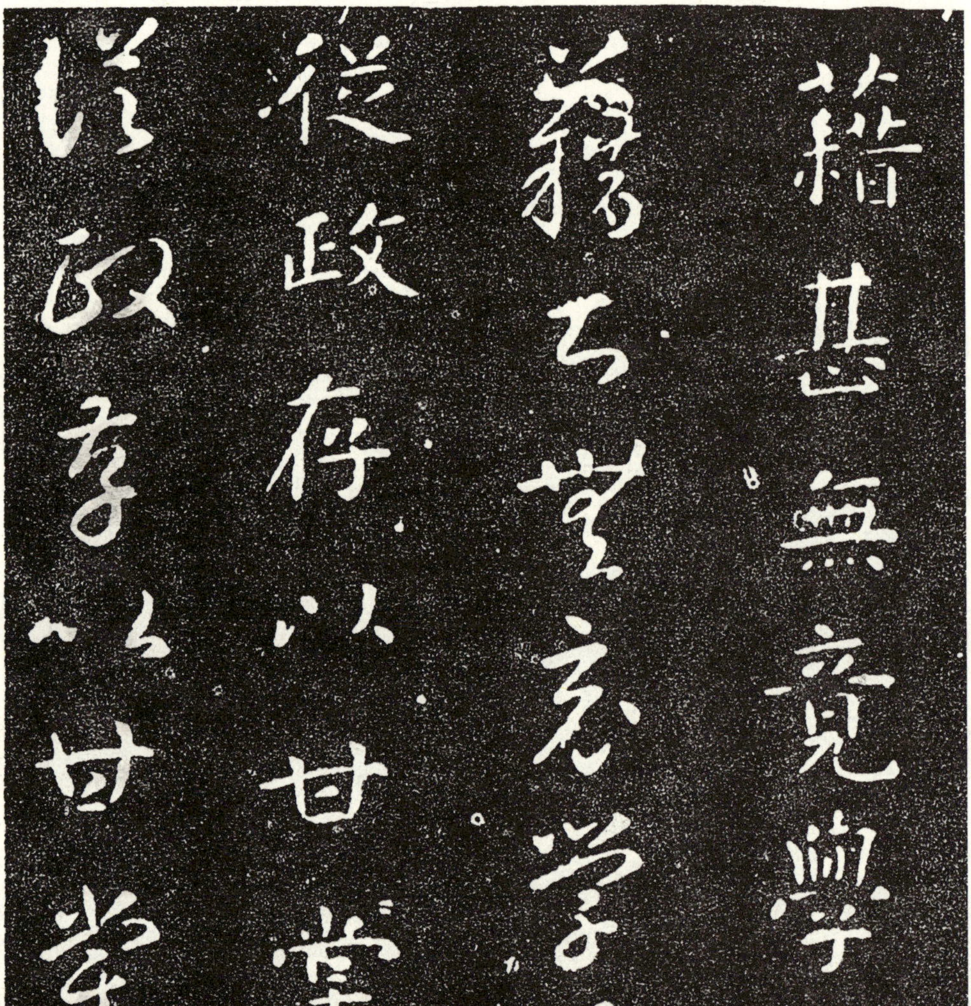

◎宋刻　隋智永《真草千字文碑》局部

两句一韵，涵盖了天文、地理、宫室、器服、礼乐、法制、饮食、游观、制作、技艺、励学等方面的内容，是一篇教化人的好文章。再加上王右军的书法，一经皇上颁布，迅速传播开来，成为读写的范本。说来这萧皇上还有老周、老殷二位，实打实地给民族文化的宝库里存放了一件至宝。

学馆的学童读写千字文，有名的书法家如欧阳询、褚遂良、孙过庭、怀素、赵孟頫、文征明等人，也都曾书写过千字文，而最早写千字文的，是智永和尚的启蒙老师肖子云。老师写得最早，学生却写得最多，相传智永僧曾用十年功夫，手书真草千字文八百本，分赠浙东诸寺，今这八百本仅存一本，还流落在海外。而当年智永和尚所写的八百本中，有一本为长安人崔氏所得，宋大观年间依据这个墨本刻有一石，现藏西安碑林三室东侧。

中国书法的历史上，所谓的大家也就那么十几位，智永和尚显然算不得这些超一流的选手。但伴随他习书的逸闻趣事很多，譬如四十年学书不下楼，求书者踏破门槛铁皮包，写秃了毛笔五大筐，还有王羲之的《兰亭序》真迹原在他手，等等，都为我们传达了一个谨严而刻苦的习书者的生动形象。事实上，作为王氏后人，他的确是深得真经，妙传家法，虽然不能位列第一梯队，但他的书法深深影响了初唐诸家，以至唐宋以降，西安碑林的这通刻石无论真草都入规入矩，气息上一样得中和之美。宋代苏东坡品评智永书法："骨气深隐，体兼众妙。精能之至，返造疏淡，如观陶彭泽诗，初若散缓不收，反复不已，乃识其趣。"然也。

这无疑是西安碑林所藏王氏家族书法的又一通珍品刻石，不仅以原墨本摹刻，且年代也相对较早。这通碑子明初的时候在迎祥观，也就是今西安广济街一带，后来观毁移入西安碑林，历经八百年风雨，碑尚完好，字迹清晰。

他把汉字正楷从用笔到结体都严肃到了极致

西安城南鸣犊镇附近有一个叫皇甫川的村子，隋时出过一个人物皇甫诞，曾任并州司马，在政治的纷争中丢掉了性命，好在死后还有封号，当然这都成了虚的。但他养了一个好儿子，入唐，他这个儿子三下五除二把官做到了刑部尚书的份儿上。自己能有今日，老爹的恩情怎能忘记？于是，他想为屈死的先人做一件实事，先请当朝宰相于志宁撰文，让谁来书写呢？当然是当代的绝对名家欧阳询了。这样千年名刻《皇甫诞碑》立起来了，皇甫诞的英雄事迹不至消散，欧阳询的书刻则千古传扬。

看来，干啥都不要忘记把革命后代培养好啊，看看人家老皇甫，儿子给他立了碑，请宰相撰文，还请到了大书家欧阳询为他书写，这多么了得。欧阳询当时即“为一时之绝，人得其尺牍文字，咸以为指范焉。高丽甚重其书，尝遣使求之”。

当然，欧阳询不光给皇甫家写，给二十多家都写了此类碑志，迄今可以看到的主要有《九成宫醴泉铭》《化度寺邕禅师舍利塔铭》《虞恭公温彦博碑》，及《皇甫诞碑》等几种。欧氏书法楷法之冠，一千多年来深深地影响了中国汉字的书写。就基本功层面的训练来讲，他的影响力大大超过了王羲之，甚至超过了颜柳诸家。他把汉字正楷从用笔到结体都严肃到了极致，成为了一种程式化的书写。后人传“欧阳询结字三十六法”，在很长的时期内，成为楷书学习的不二法门。他的字在表现出楷字结体一般规律的同时，又传达出穿插、避就、增减等变化。实际上，唐楷就是从欧阳询开始的，我们常说唐人尚法，这个法从某种意义上也可以说，是欧阳询开始确立的。当朝的柳氏公权，在间架结构上就汲取了欧字的营养，又融入了颜字的方法，才自成一家的。

◎唐　欧阳询　《皇甫诞碑》局部

欧阳询不仅在书写上成为了至法，就是在楷书四大家中，个性风貌也最为突出。他的方严峭险，秀骨清相，都会让每一位学习者怦然心动，过目不忘。把字写好是一件很艰难的事情，记得一位写字的朋友曾发出过这样的感叹，他说，你写的字里有九分

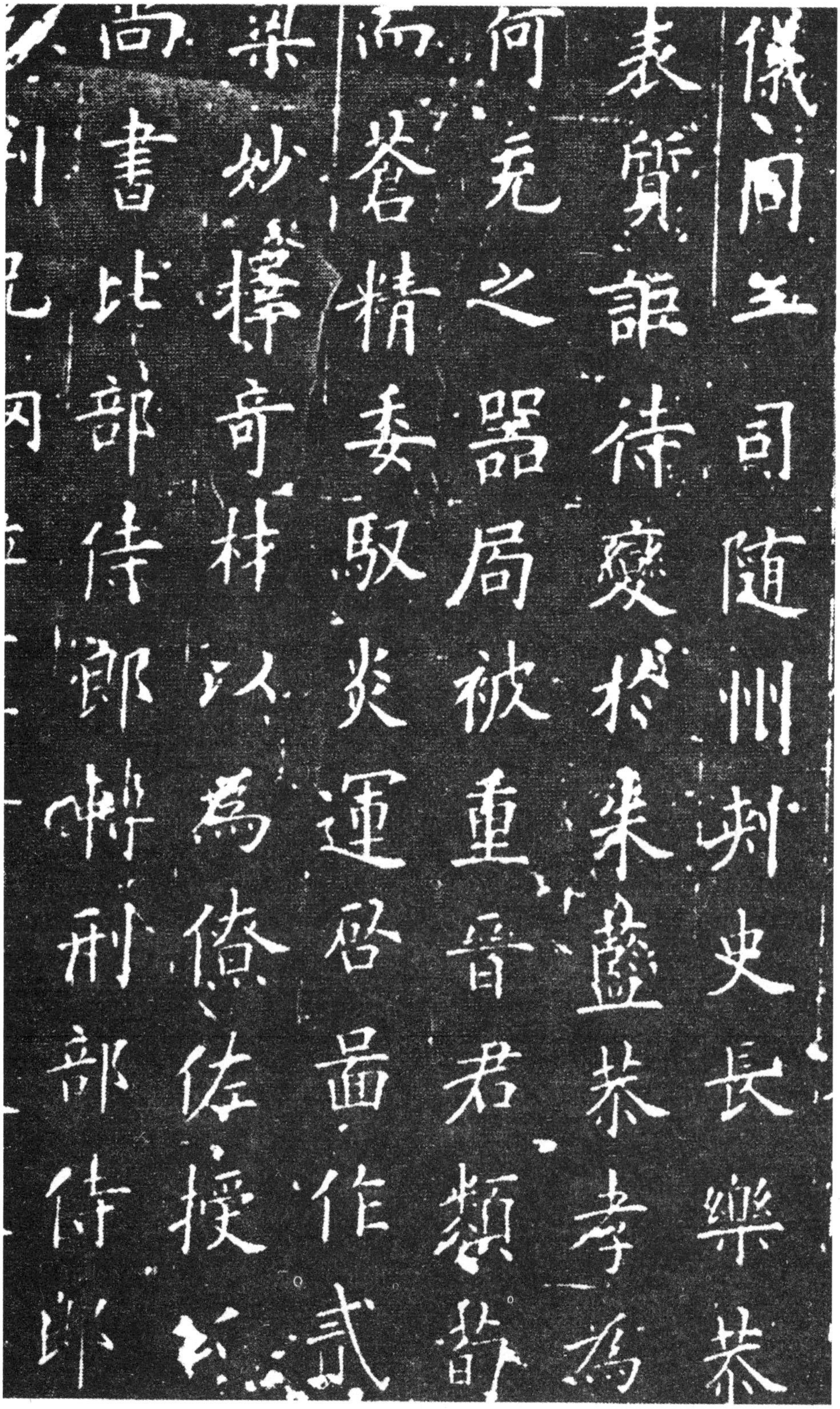
儀同三司隨州刺史長樂恭
表質誼待變於朱藍恭孝爲
何充之器局被重晉君類荀
而蒼精委馭炎運啓晶作式
梁妙擇奇材以爲僚佐授以
尚書比部侍郎轉刑部侍郎

◎唐 欧阳询《皇甫诞碑》局部

古人，有一分自己，就很不错了。欧阳询其实是一位创新的大家，在他之前的钟王以及北朝的字，结体都是扁方，而他的字则取修长。这一体势的改变，实在不是个小事情，如何能让字布白停匀重心平稳，那是要费一番脑筋的。同时，它还会带来用笔等方面的一系列变化，它着实是在考验一个人的功力和才情。欧阳询高龄，一生嗜写不倦，传说他七十岁的时候，一次从索靖书写的一通碑前路过，下马观看，不忍离去，一连三天坐卧其前，用心琢磨透前人笔法，方才恋恋不舍地作罢。想来当朝皇上真应该给他题个词：向欧阳询同志学习。

欧氏一生在确立自己书写的同时，也是有不同变化的。《皇甫诞碑》是欧氏晚年的碑子，书写在保持惯有法度的同时，行笔速度略快，并稍有散淡温和之意。用笔紧，不过多地铺毫，减却了欧氏以往的隶意，显得纯粹干净。1949年这个年份对西安碑林来说，也发生了个大事情，那就是《皇甫诞碑》的入藏，欧氏现存三两通碑子，西安碑林从此就占了一通，而且碑的品相相对很好。

欧阳通的身上也并不缺乏创造的遗传因子

一次，我和朋友在碑林二室议论着什么，忽然身边的一位游客在向同伴发问：这欧阳询和欧阳通是不是一家人啊？是的，他们是父子。游客发问，显然是看到了欧阳通所书的《道因法师碑》，这通碑子和其父所书的《皇甫诞碑》相邻。这也是书法史上的一对父子兵，前有大王与小王，后有大欧与小欧。欧阳询蛮成功的，也养育了这么一个优秀的儿子，书法在当朝能写碑。何止如此，欧阳通官做得才大呢，武周时期的宰相。

欧阳通是欧阳询的第四个儿子，他出生的时候，欧阳询年龄已经很老了，因此，欧阳通没有王献之儿时那样的书法

◎唐 欧阳通 《道因法师碑》局部

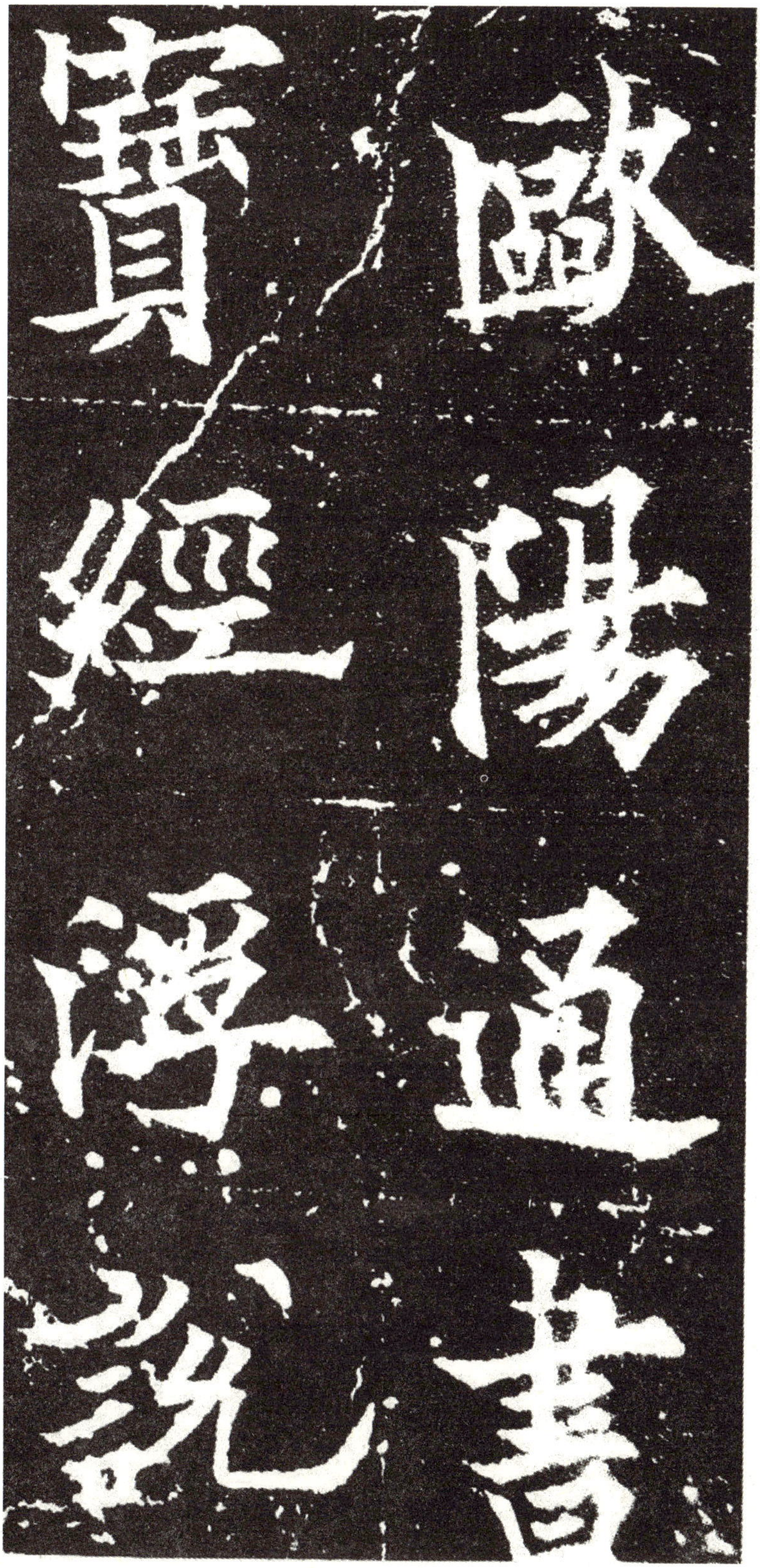

环境和学习条件。王羲之为了培养儿子写字，曾从其身后抽他的笔管，可到了欧阳通学写字的年龄，欧阳询已经丢下孤儿寡母，独自西去了，可以说，在教育儿子这个问题上，他没有来得及尽自己的责任。缺少了父亲的言传身教和耳提面命，欧阳通是在母亲的督促下学习书法的，她出钱为儿子购来欧阳询的字，让他

蘊溫采外融運柔
佛子落采華園開
對法佛地等論及
纏素侶慟結緇徒

◎唐 欧阳通《道因法师碑》局部

日夜临摹。日久天长，欧阳通把父亲书法的用笔结体都熟练地掌握了，写得了一手酷似父亲的好字。

这也许又是一个悲剧，艺术最讲究的就是属于自己的个性面目，王献之就在家法上起步，反叛乃父，寻找到了属于自己的书法语言。欧阳通就是把字写到和父亲彻底的契合，又能怎样？激发不起欣赏者的心理冲动，至多很赞叹他的书写功力。观他的这通《道因法师碑》，的确具备了乃父书法的一般特点，下笔果断，点画利落，结字稳当，遒密峻整，气息清穆醇古，也属不乏格调之作。但这源于家风的书写与真正的欧阳询书，那可是差远了，欧阳询书楷隶两种笔法自然和谐，藏露收放恰到好处，险峻中不失平稳，爽利间寓着温润，若不染俗尘的高士，让人仰视。通虽得乃父遗风，然用笔拗折，失于自然，线条僵硬，韵味不足，结字平板，缺少变化。似从字中也可感到一些挣脱的意思，但很不够。也可能原本就不想摆脱，只是性情差异的微小变化罢了。

造成这种父子面目相像的原因，不是欧阳通不想创新不能创新，求新求变乃人的天性使然，而父欧阳询是书法革新的大家，欧阳通的身上也并不缺乏创造的遗传因子，但为什么一生不离家法半步呢？早早就失去了父爱，大概是欧阳通一生之痛。父亲是一棵大树，有他终日的遮蔽呵护，你会觉得一切都是很自然的、应该的，甚至还会叛逆。一旦这棵大树倒下，尤其是早早倒下，你会觉得父爱珍贵异常。因此，王献之把自己对父亲的反对表现在了笔底下，而欧阳通把对父亲的恭敬搬到了坚薄白滑的纸上。

欧阳通的人品同样让人尊敬，天授二年（公元691年），朝中一部分马屁小人要武皇立武承嗣为太子，欧阳通以其才学不足坚决反对，遭诛杀。你高官厚禄反对什么？人家的江山由人家折腾呗，关你啥事？你少说一句，不啥都有了。面对一千多年前的封建官场，现在的我们是啥心态？天天有模有样地在宣纸上给人写“即心是佛”，佛前忏悔不妨碍内心忏悔，内心忏悔不妨碍佛前忏悔，想一想还是好。

向人们传达出了静穆深沉的内在精神力量

气韵生动，往往是人们品评书法时帖的专用术语，对碑来讲，好像用不上。这应该是有一定道理的。直接在纸上的书写水墨调和，气息连贯，一切都那么流畅真切，自然而然。而碑上的书迹则需要过稿，即就是直接书丹，面对坚硬的石质也决不像在易渗化出层次的宣纸上来得那么自如。更关键的是经过刀斧一下一下的刻制，所有的自然信息都会丢失大半。欣赏碑刻的行草书还好一点儿，功夫字就往往生硬多了。很多时候，在碑上寻找气韵，都要凭着感觉去想象。

但观看虞世南的《孔子庙堂碑》，这种情况就有些不一样，圆润流美，气韵十足。那种和缓雍容，不激不厉，端正

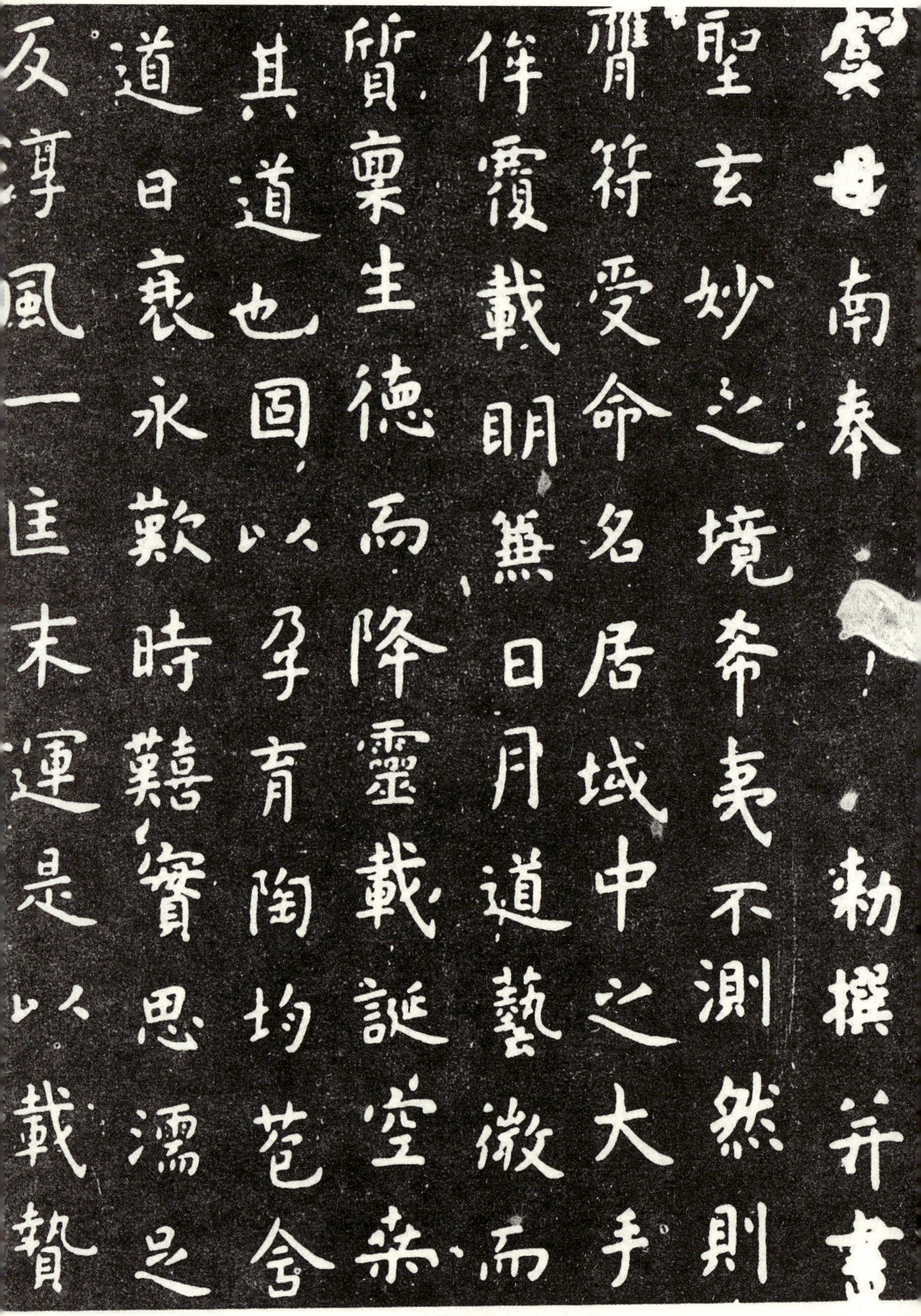

◎唐 虞世南 《孔子庙堂碑》局部

中显静穆，潇散中见风姿，很是能感染人的，大概仍与他过多的接受南派书风的东西有关。虞世南早年学书受业于智永师，这当然是得王书真传了，从他的楷书来看，更多地是从王献之处得益的。入唐以后虽处北地，但太宗倡导晋人书法，虞世南作为朝中重臣，太宗密友，自是步步跟随，长期浸淫。王书法度烂熟于心，出手便是纯正的晋人，难怪太宗皇帝也要以他为师了。晋人尚韵，就是摹勒上石，大概丢掉的成分也少一些吧。

同时，北派的书写在气韵上也抵不过南派。以虞书为例，在南派书风中走来的虞世南书写，的确与北派不同，有韵致的根本原因，大概就在用笔上。一是没有过分的提按，行笔节奏也没有太大的疾徐变化，一切适中。所以，线条骨肉停匀志气平和。再是以藏锋为主，收揽吐纳，含蓄内敛，向人们传达出了静穆深沉的内在精神力量。还有他的多使转少方折，左边收右边尽情舒展，都使得他的字有韵味，有风姿。

当然，一味将虞世南划为南派书写，似乎也是不切实际的，他的体势就明显有北派的意思。这就是时代使然，毕竟属于“二王”的晋代已经远去，毕竟虞世南生活在了山水很有些硬度的北方，他心里默念着向王书回归，实际上，他想完全地回到晋时，期望与羲、献相先后，那已经是不可能的事情了。

相传献之幼时习书，羲之补笔示范，献之要母亲评点，母亲说只有一点像父亲，献之遂发奋学书。围绕着虞世南唐太宗师徒，也有这样一个相类似的美好传说。唐太宗习虞书，特羡慕其“戈”法，又总写不好。一次，世南要来进见，太宗写“戬”字故意留了一半，世南随后补写。唐太宗将此字展示给魏征说：“朕近学世南，尚近似否？”魏征道：“戈法颇逼近。”太宗感叹不已。此类故事不乏牵强附会，但蛮能教育人。

“孔庙虞书贞观刻，千两黄金难购得。”黄庭坚的诗句道出了《孔子庙堂碑》拓片在宋时就已经很珍贵了。这通碑子据说是由虞世南撰文并书的，刻成不久即因捶拓过甚被毁。武则天时期，又重刻一次，后又失亡。现存西安碑林的这块碑是宋太祖时摹刻的，元时山东城武也摹刻有一通，所以，有人称西安碑林的这通碑为西庙堂，山东城武的那一通为东庙堂。

关键是他们的心永远年轻啊

唐代是一个什么样的时代？那是中国封建社会一个极盛的时代，是这个世界的东方，一个大一统的帝国光辉灿烂，无限辉煌的时代。数百年的战乱，数百年的分裂，都已成为了过去、社会稳定，经济繁荣，天下百姓随着李氏父子进入了一段安宁，一段自足。

而艺术也在这样一个稳定而繁荣的社会里，开花结果蔚成气象了。那种博大而浪漫、厚重而清新，在一片蓬蓬勃勃之中达到了封建文艺的高峰。书法则此时已不知不觉成为了时代的宠儿，选拔人才的身、言、书、判四大条件中，书法为其中一项，书学为“国学”的六门之一。阀阅制度的废弃，科举取仕的建立，广大知识分子莫不为之欢欣鼓舞跃跃欲试。朝野上下，书风浩荡，名家辈出，将书法艺术推向了一个史无前例的高度，这又是何等的可喜。

人们论及这个时期的书法，总是带着几分莫名的激动，从初唐那段欢快激越的开场锣鼓起始的，欧、虞、褚、薛的“初唐四家”立刻就是一个高潮。此时的书法，有魏晋的风范，有“二王”的余韵，仿佛东升的朝阳，灿烂而新亮。而最为可贵的是，在这种妍美的书风下，透露出的浓重的法则，一招一式均在规矩之内。这显然表明了此时文人的一种心态，即心悦诚服于大唐的社会制度，甚而还有些无比珍惜之意。带着锁链的舞蹈，才如此地华美，也如此地激动人心。

这是一曲华彩乐章的开端，而人们在研读这初唐风流的时候。总会想象铸就这段辉煌的是一群翩翩之少年郎。其实不然，此时的欧阳询、虞世南已届耳顺之年，皆可谓是一介老夫了，而在人生进入老境的时候，欣逢盛世，聊发少年之狂。这种书艺上的年轻气象与书者实际年龄的不一致，在很长的时间内都在我的脑间萦绕，每当看到精气神那么好，那么向上的欧书，谁愿意相信，它出自一位清癯消瘦，又其貌不扬的老人之手？而那婉转圆通，醇厚安详，一派生气的《孔子庙堂碑》，谁又能想到，它的书者已臻于老境呢？

事实上，他们不仅已有些经历，甚至可谓是饱经沧桑了。欧阳询长虞世南一岁，他们同样经历南朝、隋的更替颠簸而入唐。欧阳父纥因犯谋反罪被杀，欧阳询当在株连之

◎唐 欧阳询《皇甫诞碑》局部

列，幸得陈的尚书令江总念与其父的交情，收养了他，才使得欧阳询躲过一劫。而世南才情过人，勤奋好学，但又耿介正直，在隋时长期受压，郁郁不得志。

这些人生的不顺畅不如意，对于一位并不近视的艺术家来说，却是一种人生的铺垫，任何时候，他们的心里都会把艺术作为第一要事而念念不忘的。事实证明，即便在畅达的时候，他们也没有忽视对书艺的追求。欧阳询隋时即与唐高祖李渊保持有良好的私人关系，入唐又深得太宗皇帝的赏识。刚正的虞世南竟也把队站正确了，武德时代王子的对垒中，虞世南支持的就是李世民。

所以，后来做了高官，是很正常的事情。然不以物喜，不以己悲，尽管书艺对他们这些人物来说，几乎可称余事，但余事绝对有正事的态度，他们的孜孜以求，他们的不断变革，终于在笔墨间寻找到了属于自己的独特表达。他们之所以能迎击时代，唱出了激昂向上的歌声，关键是他们的心永远年轻啊！

北朝烂漫多姿的刻字不能不让求知欲正旺的他们动心

三十七年的隋朝，不仅对我国历史的发展具有特殊的政治意义，而且在书法艺术的发展上也有特别的作用。

我国历史上的第一个大一统时期为秦汉，而后便是长期的分裂割据，攻伐与争夺成了这块土地上的经常演出。今天客观地回头看这段历史，那种局面是一种必然，也必不可少，最重要的一条作用，恐怕是完成了中华大地上民族大融合的过程。在这段不短的时期内，无论是北方或者南方，少数民族与汉族都在大规模的内徙外迁，汉文化强大的同化能力，使得居住在北方的匈奴、鲜卑、羯、氐、羌等少数民族已基本与汉族无异。南方的蛮族、奚族、俚族、僚族等少数

民族也向汉族看齐。这些表现在经济生活、文化语言、风俗习惯等等诸多方面，也多与汉人无二。有了这一重要基础，统一则又是一种必然。于是以大丞相身份辅政的杨坚急不可耐地废了周静帝，又令儿子杨广率大军五十万南攻，收拾了善作宫廷诗的陈后主，结束了南北对峙的局面。

老杨家结束了近四百年的分裂，他们的江山还坐了不到四十年。主要是太喜欢折腾了，又是挖运河，又是建东都，又是打高丽，忙乱得不亦乐乎。于是，全国各地到处冒烟，最后，李家父子得了大利。简单看来，隋好像为唐朝做了个铺垫，但意义着实大焉。此后的中国历史便是分少合多，统一成了主旋律。因此，老杨家的功劳不可忘记。

就书法发展的意义而言，该王朝建立时间虽短，但上承汉魏六朝，下启唐楷诸家，为唐代的尚法楷书奠定了基础。唐初的欧、虞两人的青壮年时期都是在隋度过的，其楷体直接胎息于北朝书法。甚而可以说，唐代诸楷书大家，究其源流，大多从北朝书法中汲取过营养，而所呈现的面目则是以北方书风为体，以“王书”行草为貌。

我们还得赞叹那段民族融合，如果没有外来文化的冲撞，忍让退避的儒家文化不知会将中国书法弱化到什么样子。一旦汉文化中心再回到北方，获得了硬朗成分的中国书法便瞬时强壮了，隋时的书法家丁道

◎唐　虞世南　《孔子庙堂碑》局部

户、史陵等，就已经使得南北书法开始融通。而隋刻石的最高成就《龙藏寺碑》，即被誉为六朝集成之碑，《董美人墓志》《苏孝慈墓志》则是北体南韵。

欧阳询、虞世南二位汉人知识分子青年时期从南方入隋，北朝烂漫多姿的刻字，不能不让求知欲正旺的他们动心。事实证明，他们对北朝的书法虔诚地借鉴了，而且这种自觉自愿的接纳到了唐朝还没有停止，也正是有了这种善于学习、善于创造的精神，他们的书艺也才在生命的晚年达到了高峰。

在他们二人中，受北朝书法影响最深的当数欧阳询。且不说他多善用的方笔，只那“戈戟”的险劲刻厉，能不让我们深深地感到魏碑的浓重味道吗？我们还可把《张黑女》一类的墓志与欧书作一比较，无不发现其结字用笔与精神面貌上的相近。人们评欧书，均言其“戈戟森然”兼“秀骨清相”，不正是南北兼融吗？

也许是人们都知道虞世南在隋时是直接受业于智永师的，因此，总把他归为王字的嫡传。但是，对虞体的稍加留意，便不难找出北朝书法的影子。如其代表作《孔子庙堂碑》，体势就是北朝的，还有他那端正静穆的气息，怎么看，都显得与王书分与北朝合。

用笔的轻重有时
是一种虚与实的表现方法

褚遂良是在虞世南谢世之后，可以和太宗皇帝论书之人，政治上也深得李世民的信任，在许多重大政治问题上，他都不顾个人安危，直言劝谏，而事后证明，他的谏言都是正确的。这些都取决于他正直高洁的人品和不俗的识见，以至在太宗皇帝临终前，像刘备托孤于诸葛丞相那样托李治于他。

而一个深受儒家教育的读书人，注定不会辜负前帝的重托，做好一个尽职尽责的顾命大臣。但即了位的皇帝是不会处处受制于你的，譬如爱情，高宗李治不久即喜欢上了父亲的妃嫔武则天，要废后新立，这当然是不道之事。

太宗文皇帝製

儀有象顯覆載

陰陽處乎天地

神力而無下大

◎唐 褚遂良《同州三藏圣教序碑》局部

在商议此事的会议上，褚遂良冒死劝谏，叩头流血，欲以乞归田里相阻。这让后来得了势的武则天怎能和他善罢甘休，良终遭贬黜，郁郁而死。褚氏有情操，有坚守，宁死不屈，是为人杰。

而观其书法，美人婵娟，不胜罗绮，极尽飘逸之态，似乎不好和其坚硬的性格联系起来。而事实是，大丈夫也不乏一腔柔情，褚氏的书法灵动有姿，但骨力内含，决不柔媚。褚遂良存世的书写还是比较多的，虽面目多有不同，但终是没有离开晋人，尤其是在写出古雅之情趣上，深得其妙。真书由隶而来，钟王之美也在于他们也许并不想彻底褪去古法，然而，却获得了前人的醇厚雅逸。唐初诸家竭力回归，欧阳询较之晋人有了强健劲挺，而褚遂良则在汲取前人上婉约流美。从其二人书写的用笔和体势中，隶的成分清晰可见，但写出的味道不一样。

好像唐时，其实不仅仅是唐的书写都是在过去的基础上进行的，这一点，对我们今天的书写有着新鲜的借鉴意义。我们的前人在书法上为我们馈赠了丰富的财富，什么样的程式，什么样的风格具备什么样的美，今天的我们，有时只需要老老实实认识和掌握就是了，万不可不学前人另搞一套，忘乎所以不顾一切的行走，其实到头来是一种倒退。正如林散之老讲的，新的东西都是从旧的东西里化出来的，这真是意味深长。

所谓点画的粗细和笔力也没有关系。褚遂良的书写，很多时候提按是比较显豁的，这样给人的感觉好像有些线条很

细很弱，其实不然。细观他的这些处理，皆为中锋用笔，精气内含，柔韧劲健，这也正如林散之草书的某些中锋线条，细如游丝，却含千钧之力。用笔的轻重有时是一种虚与实的表现方法，与笔力大小无涉。

很多话，我都是依据对褚遂良整个的书写印象讲的，实际上西安碑林收藏的《同州三藏圣教序碑》用笔谨敛，没有作过大的提按，且比他的其它书作明显增加了诸多的方笔。这是一通褚氏晚年所书的碑子，情绪上可能会少了些激荡，又由于其碑文内容，书写不至彻底放纵。感觉上还近似于其早年书写的《伊阙佛龛碑》的风格。褚氏还写过一通《圣教序碑》，就嵌在大雁塔入口处的墙壁上，史称《雁塔圣教序》，好像是两通长方形的碑子，下端与地面平齐，俯下身子才可以观看。而《伊阙佛龛碑》就镌刻在龙门石窟某一处洞窟前高高的石壁上，沉雄大气，撼人心魄。西安碑林的这通《同州三藏圣教序碑》原立在陕西大荔县，也就是古

◎唐 徐浩《不空和尚碑》局部

同州，20世纪70年代移至西安碑林。相对来说，我比较喜欢褚遂良的《阴符经》之类的书写，而对《同州三藏圣教序》，我总把它和西安碑林的另一通唐碑，徐浩所书的《不空和尚碑》归为特点不太明了一类，平素关注的不多，思考的也少。

只要书写有价值，我们只管学习就是了

西安碑林有两通张旭的草书碑子，一通为《断千字文》，另一通为《肚痛帖》。同为一位草书大家的手笔，面目不同，风格有别。

《断千字文》共有六块刻石，书写酣畅淋漓，纵横跌宕，字形大小错落，收放对比强烈，多用方笔，提按分明，线条极具硬度。而《肚痛帖》多用使转，中锋为主，线条劲健而圆润，一派晋人之风，尤其是得益于小王之处甚多。很长时间里，我对这两块刻字都难以将它们归为一人书写，风格区别太大了。有时很自然地联想到其《古诗四帖》，思绪更是"剪不断，理还乱"。

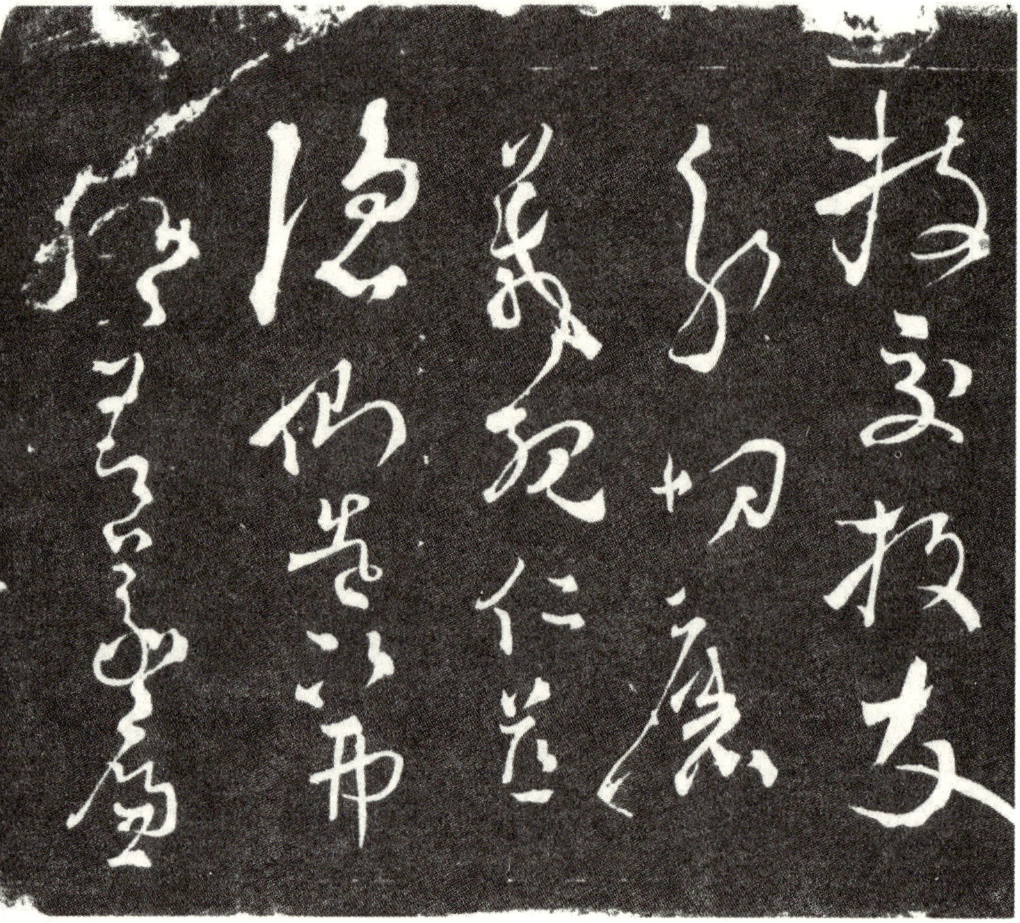

◎明刻 张旭 《断千字文碑》局部

其实，在以往的阅读中，也产生过类似的情形。我看到了唐孙过庭的《草书千字文》，首先一个强烈的感受便觉得这不是孙过庭，而看到欧阳询的《仲尼梦奠帖》，则完全是自然平和的接受。这种第一反应显然是表面化的东西在起作用。

孙过庭这个名字是与《书谱》紧紧叠合在一起的，已凝固在每个学书人的脑海里。而对孙过庭书法的评论，习惯上也完全是由这幅草书展开的。我清晰地记得，我的一本书法资料上虔礼《书谱》帖的空白处，曾留下我的两行很幼稚的小楷：“用笔精工，结体遒美，草法周详，小有创意，尚无

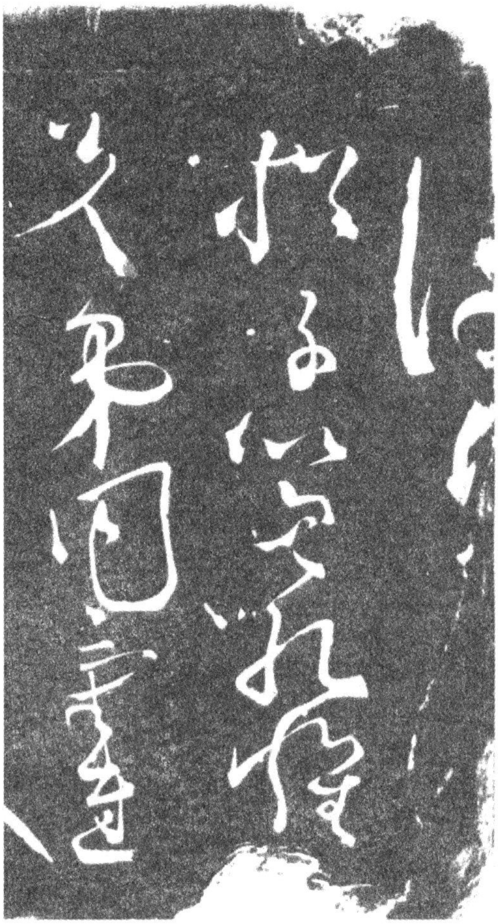

门面，草开一径。”这些评价孙过庭草书的话语，似乎是我从某篇文章上转录下来的。无疑这是一种准确的评价，而这些评价便直接是针对孙过庭《书谱》的草体而言的。孙过庭是盛唐时期杰出的书法家，尤擅长写长篇文字，他的墨迹传到今天的，除《书谱》和《草书千字文》外，还有《景福殿赋》。但《草书千字文》与《景福殿赋》二帖行世较少，《书谱》则风行天下。此二帖的面目情趣与《书谱》可谓大相径庭，相去甚远，因而由陌生而生出排斥感，是很自然的事情。《书谱》先入为主，并长期牢牢占据着人们的眼睛以至心灵，只有与它面目趣味相似或相近，才能较快地被认同和接受。这不仅是我，大概也是一般人的欣赏心理。

欧阳询的《仲尼梦奠帖》就是这样，尽管它还是迄今所见欧阳氏唯一的一件传世书法墨迹，但那线条、那笔法、那字法，一看便知完完全全脱胎于《九成宫》《化度寺》之类。其劲险刻厉，若武库之戈戟的森森然，以及竖直书写的齐整感，字体长而紧敛的风格，也一如欧阳氏的楷书。因此，我仅凭面目与风格，便在思想感情上接纳了它。

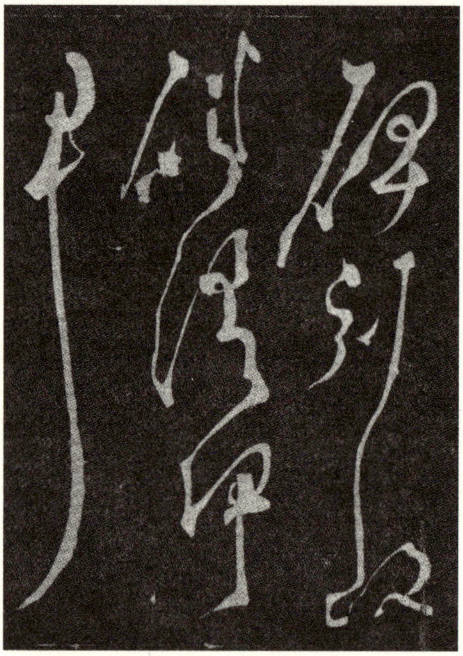

◎明刻 张旭《断千字文碑》局部

实际上，孙过庭的这幅《草书千字文》是否为其真迹，真的是一件没有确定下来的事情，至今学术界还有争论。而《断千字文》是否为张旭的手笔，也同样是一件尚存争议的官司，包括收进许多丛帖的所谓张旭的帖子，也是存在不同看法的。对于这两通碑子，我有过长期的思考，我现在觉得，《肚痛帖》应是张旭早年的书迹。张氏是宗晋人的，写出献之的圆劲连绵很正常，与《古诗四帖》的写法好像也是有许多相通的地方。而《断千字文》的风格写法的确就让人怀疑了，一个书家的气质禀赋及兴趣爱好，决定他的书写应该是有一致性的。不过争议是一回事，只要书写有价值，我们只管学习就是了。

这种恢宏奇异的书写与盛唐的气象相合拍

“张生手持石鼓文，劝我试作石鼓歌。少陵无人谪仙死，才薄将奈石鼓何。”这是晚唐诗人韩愈洋洋数百言的论书诗《石鼓歌》中的开篇之句。作为唐宋八大家的韩愈还有论书的文章《送高闲上人序》，此文以远见卓识而同样成为名垂史册的艺术文论。

中国是一个诗的国度，而唐代诗歌则是中国诗歌最为辉煌的时期。在唐代所形成气候的把论述书史、书艺，品评书家书迹作为创作题材的诗歌，我们今天称之为“论书诗”。在大量的唐诗珍存中，论书诗是其中很重要的组成部分。可以说，以诗论书是这一时期鲜明的时代产物。唐代的论书诗，同样也深深地影响了以后历代的论书诗的创作，这些论书诗构成了我们书法理论史上一道奇异的景观，积极地推动着书法艺术及书法理论的健康发展。致力于唐代论书诗创作的不仅有韩愈这样重要的诗人，更有唐诗的代表性人物诗仙李白和诗圣杜甫。

李太白的论书诗作以《草书歌行》为代表，另有《猛虎行》《王右军》《送贺宾客归越》等。杜甫论书诗作有十余首，论述历代著名书家数十人，论及篆、隶、草、楷诸体，发表自己对书法艺术的见解和主张。这些诗思飞扬长于形象思维的诗人，思想无疑会在连绵不绝激情澎湃的草书中产生碰撞，找到共鸣，所以这些大量的论书诗中尤以论草书的诗居多，也最为精彩。如李白的《草书歌行》，以生动的形象，充满浪漫主义的深情描述，与稍后的杜甫诗作《殿中杨监见示张旭草书图》一起，构成了中国文化史上一道辉煌的草书赞歌。另外，书法品评的重要论调“书贵瘦硬方通神”，就出于杜甫笔下。

生活在盛唐时期的张旭真是生逢其时，和稍晚于他的怀素和尚一样，从论书诗中得其名声最多。当然，就他的书写成就来说，也是当之无愧的。张旭实际上是浪漫主义草书的开先河之人，早于他的张芝颇有声名，但有说其书在初唐就不见片素，收入宋《淳化阁帖》中的几个帖子是后人托的，颇有些“不要迷恋哥，哥只是个传说”的味道。晋人将草书规范化，字字独立、点画如真，一定程度上也抑制了书家情绪的宣泄。正是张旭的恣情肆性、狂涛千里，把草书推向了

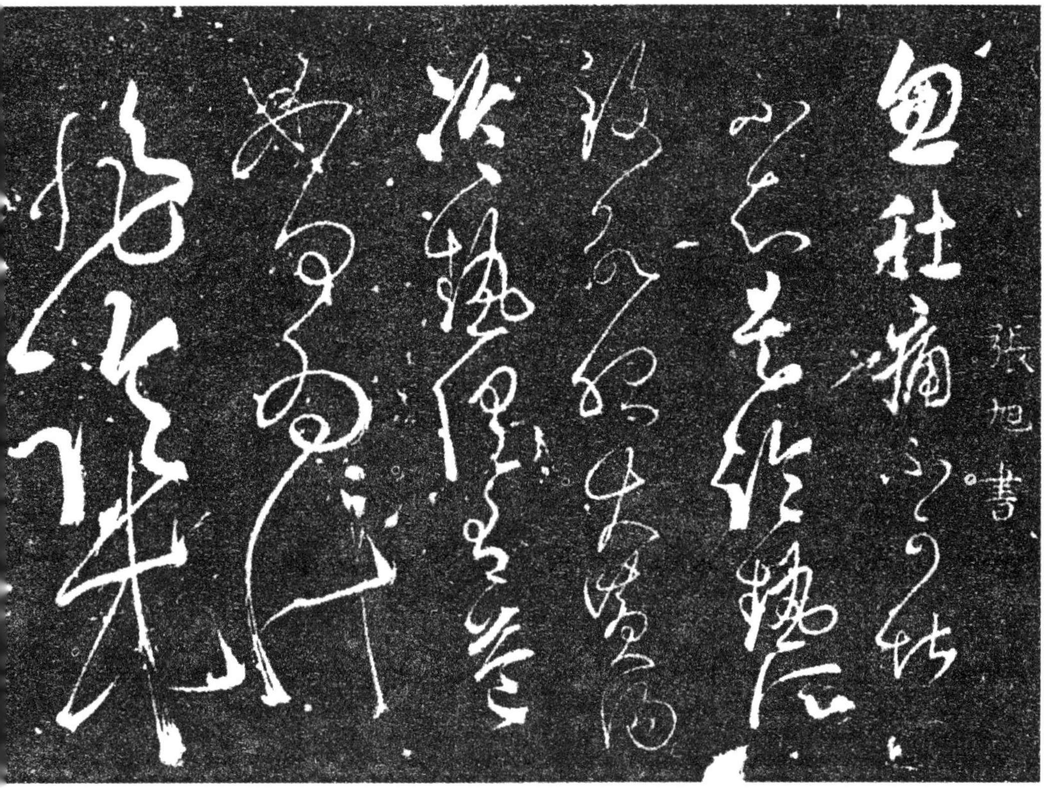

◎宋刻 张旭《肚痛帖》

一个前所未有的高峰。

这种恢宏奇异的书写与盛唐的气象相合拍，首先是深深打动了一批中国历史上最为杰出的诗人。于是，吟诵他书法的诗句层出不穷。李白曰：“楚人每道张旭奇，心藏风云世莫知。三吴郡伯皆顾盼，四海雄侠相追随。萧曹曾作沛中吏，攀龙附凤当有时。”杜甫歌了又歌：“张旭三杯草圣传，脱帽露顶王公前，挥毫落纸如云烟。”“悲风生微绡，龙里起古色。铿锵鸣玉动，落落群松直。连山蟠期间，涨溟与笔力。”高适也写下了《醉后赠张九旭》：“世人谩相识，此翁殊不然。兴来书自圣，醉后语尤颠。白发老闲事，青云在目前。床头一壶酒，能更几回眠。”李欣《赠张旭》的诗描绘得最为传神：“露顶据胡床，长叫三五声。兴来洒素壁，挥笔如流星。”真是一个张颠，一个把全部身心都投入到了艺术中去的书者，不计功利，物我两忘。

对怀素师的书法
提出异议，均是在风格取舍上

议论怀素，往往是从他最为著名的《自叙帖》开始的。是的，可以说，这个帖子代表着怀素书法的一个高水平，一路中锋的纯正线条，回环连绵、跌宕起伏的书势，聚散无常、任笔成体的新美结体，错落参差、浑然一体的章法，的确是美不胜收，让人赞叹。而对他的批评也大都是由这个帖子引发的，譬如讲，他笔法单一，缺少变化，笔力虽雄，清韵已失，等等。我觉得如果看了西安碑林存藏的怀素的几通碑子，或许能对其书写有一个更为整体上的看法。

西安碑林现藏怀素书法的刻石主要有《草书千字文》《圣母帖》《藏真帖》《律公二帖》《过钟帖》等。其中，

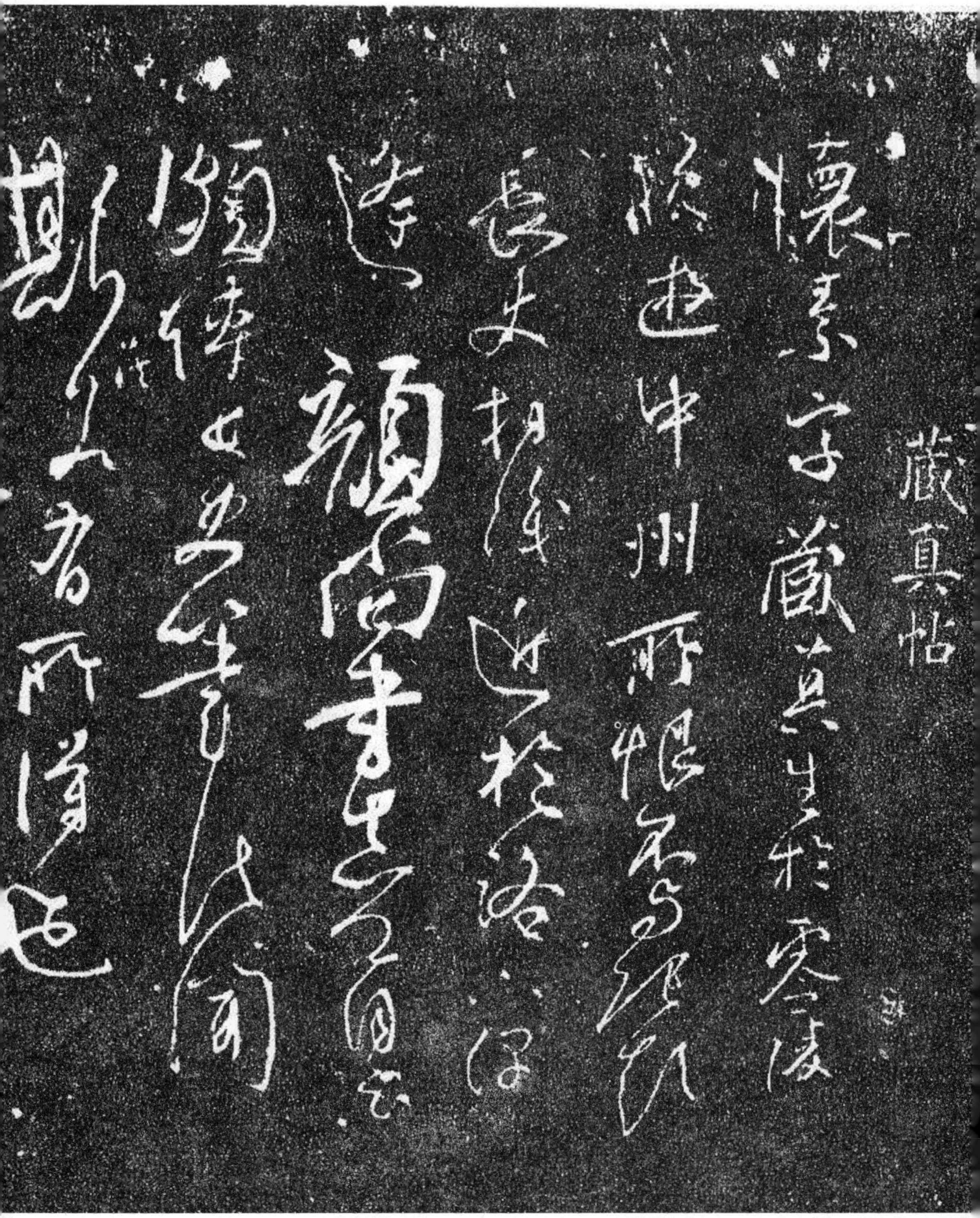

◎宋刻 怀素《藏真帖》

《草书千字文》为明代刻石，《过钟帖》为清代刻石，其他几种为宋代刻石。这些刻石大都碑面完好，字口清晰，由于久未捶拓，过去的墨渍一片片褪去，使得碑面上有的地方泛灰，很不容易看清楚字口。

所有对怀素师的书法提出异议，均是在风格取舍上，而没有对他的功力取法方面产生过任何怀疑。怀素师的楷书是宗法钟繇的，又长期追随欧阳询，达到几可乱真的程度，草书的瘦硬就在于没有离开欧体，虽然今天不能看到他的楷字，但在其家乡当初曾有他写欧字世莫能辨的美妙传说。他对唐以前的传统草书竭力习之，从《圣母帖》中就可以看出章草的端倪，线条也圆润温和。而从《藏真帖》《律公二帖》用笔的侧锋，结字的欹侧之势可以看到，他对晋人的继承。对于唐人，他也在孙过庭的字中得到过启发，更主要的是，他对张旭草法的精心研习，使得他的书风开始发生重大变化，写出了《草书千字文》那样诡异多变、迅疾骇人、澎湃激越的壮美篇章。无论从用笔和结体，美的丰富程度，都是一个怀素书法的绝对高度，也是草字书写的一个绝对高度。写这通《草书千字文》的时候，素师显然是在壮年，积淀已厚，思维活跃，情绪饱满。而《自叙帖》的书写，是在其长安打拼复归长沙之后，一切激情的往日似乎都已过去，终日“遥遥禅诵外，健笔赋闲居。”狂人相对心气平和之后，《自叙帖》的技法可能会单一一些，笔力的老辣也会使韵味减少了许多。素师虽率意颠逸，千变万化却不离法度，他完成了自己，也携手张旭完成了唐代，乃至整个草书的书

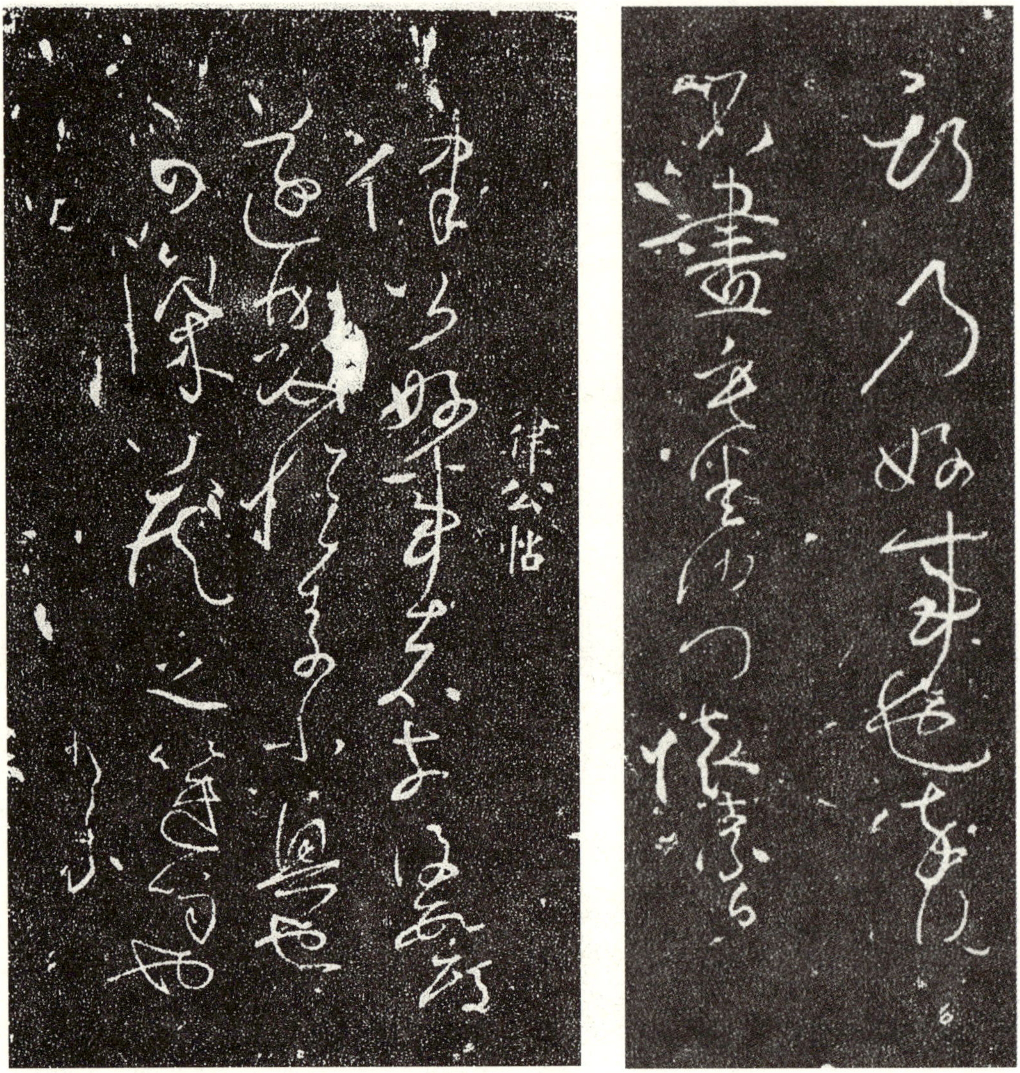

◎宋刻 怀素《律公帖》

写。其实，唐代与颠张狂素的大草相对应的，还应该有孙过庭、贺知章等人的小草，流美飘逸，但基本上是晋人的延伸，不及旭素之辈有开创意义。

像我们感叹唐诗一样，唐代的书法一样让今天的我们叹服。从一定意义上讲，汉字书法也就是真草二写，唐人不但把它们写到了这个高度，而且还在其理论上做出了相应的总结，孙过庭《书谱》的许多论述，正是围绕真草二体书法的

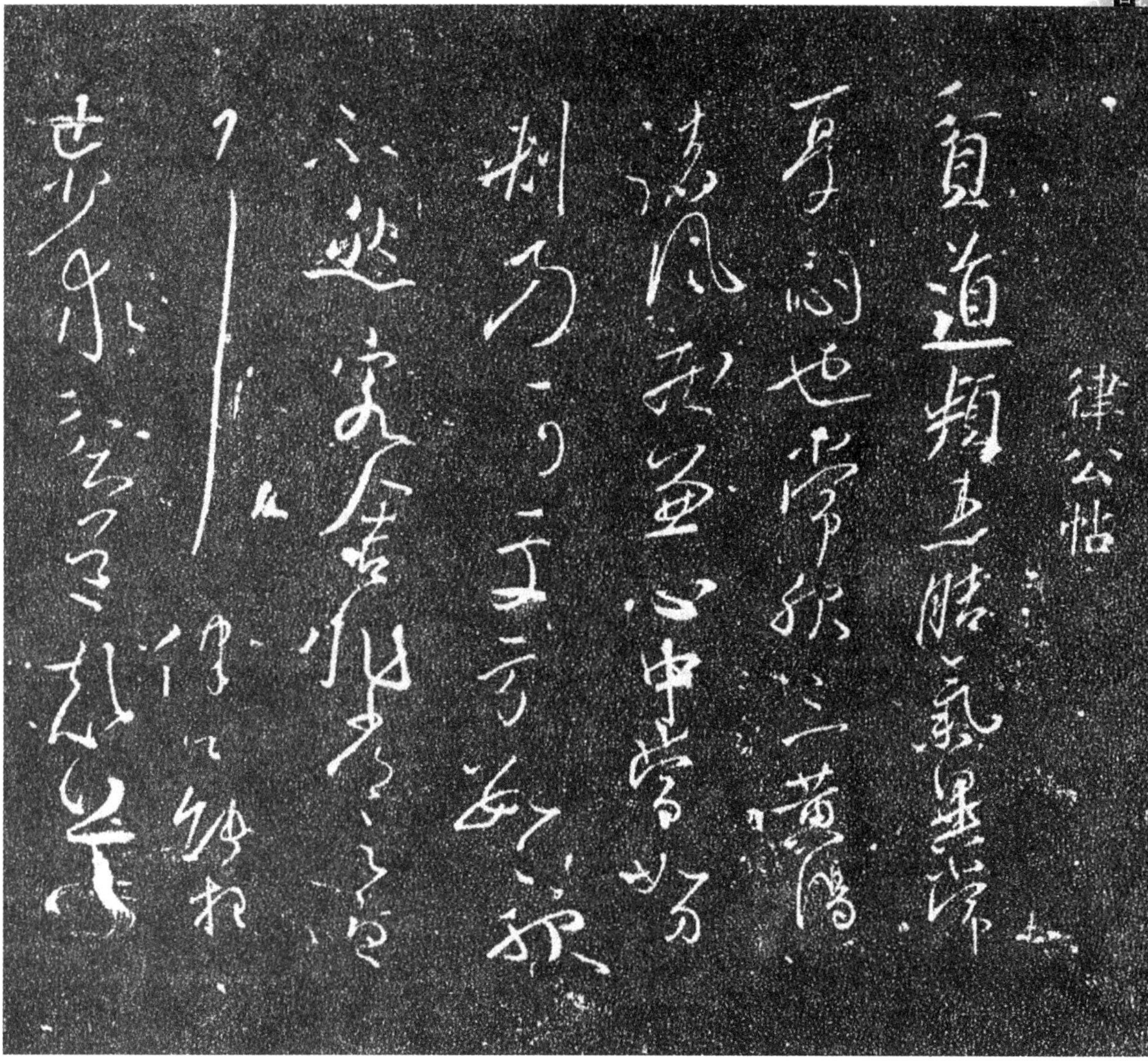

◎宋刻 怀素《律公帖》

用笔和章法展开的，他把“质以代兴，妍因俗易”提高到哲学的高度加以阐论，对真草二体书法的本质作了区分：“真以点画为形质，使转为情性；草以点画为情性，使转为形质。”而对“五乖五合”的论述，则深刻地揭示了书法创作中的一些基本规律，“违而不犯，和而不同”，“带燥方润，将浓遂枯”，“穷变态于毫端，合情调于纸上”，这些既是书法创作的基本准则，又是书法艺术的最高境地。也只

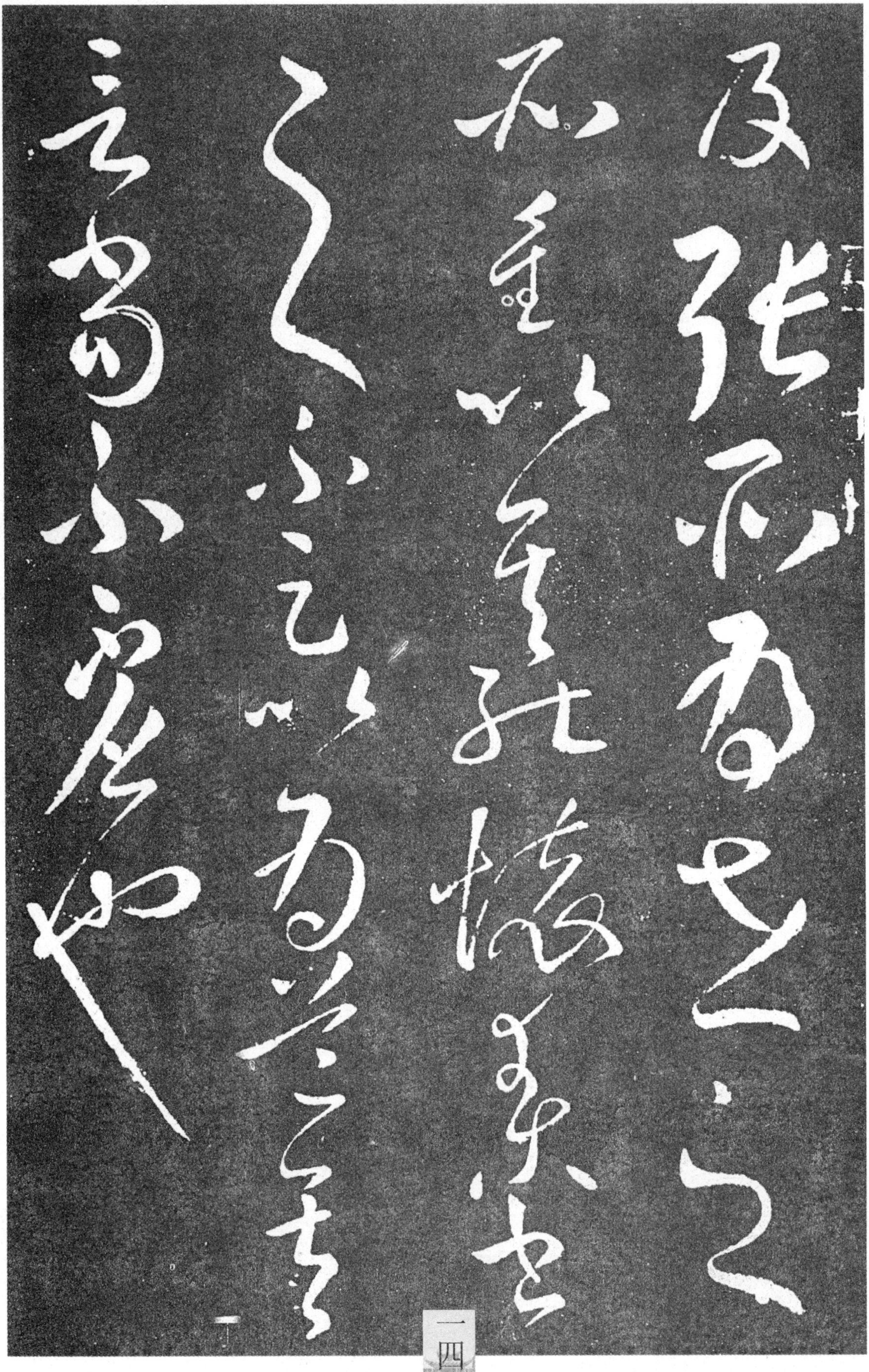

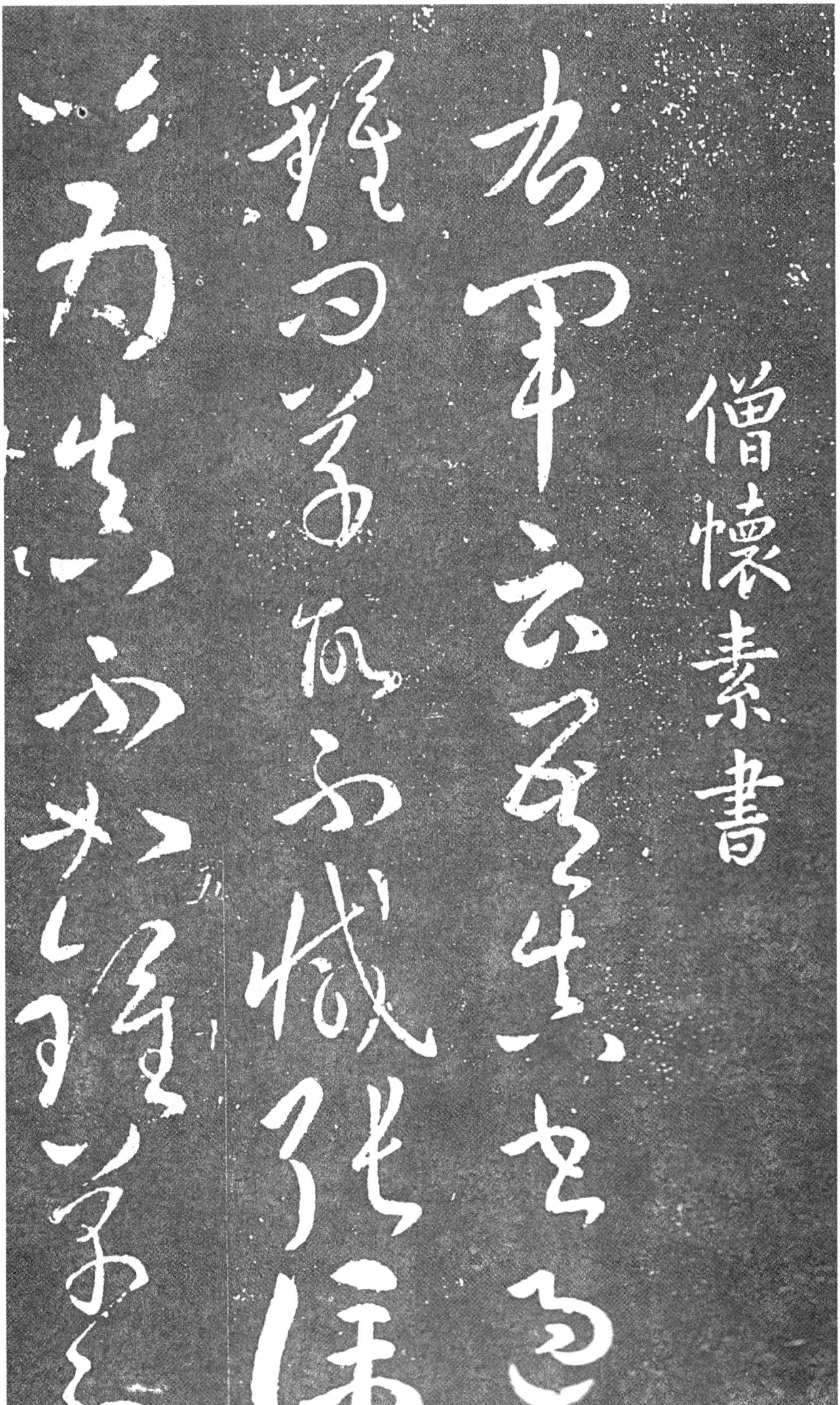

◎清刻 怀素《过钟帖》

有唐代这个时期的书写，才有可能产生这样的理论。

“真亦草来草亦真，入了手时不可分。打破藩篱腕下活，从容不迫写我心。”也许，今天的我们在认识到了这一点后，只有在前人书写的基础上变化出新，才是愉快的。

我们的怀素上人又是一个十足世俗的高僧了

西安碑林的几通怀素师的碑刻，包括他传世的另外一些刻石及墨迹的书写，尺幅都不大，这似乎与他痴狂的书写形象联系不起来。像《藏真帖》《律公二帖》好像就一张麻纸大小，而《草书千字文》纵在30厘米左右，字还不到鸡蛋大小，《圣母帖》《自叙帖》尺寸也大都是这个样子。

面对这小小的字幅，我总感觉到唐宋以至前人所受到的束缚和压抑，尤其是才情汪洋恣肆的怀素上人。哪有在那阔大的芭蕉叶子上书写来得淋漓痛快呢？如果说在芭蕉叶子上还不能让其尽情挥洒，自由驰骋，那么在字法上敢于创新的藏真和尚，为什么不敢在形式上来一点突破呢？像他醉酒

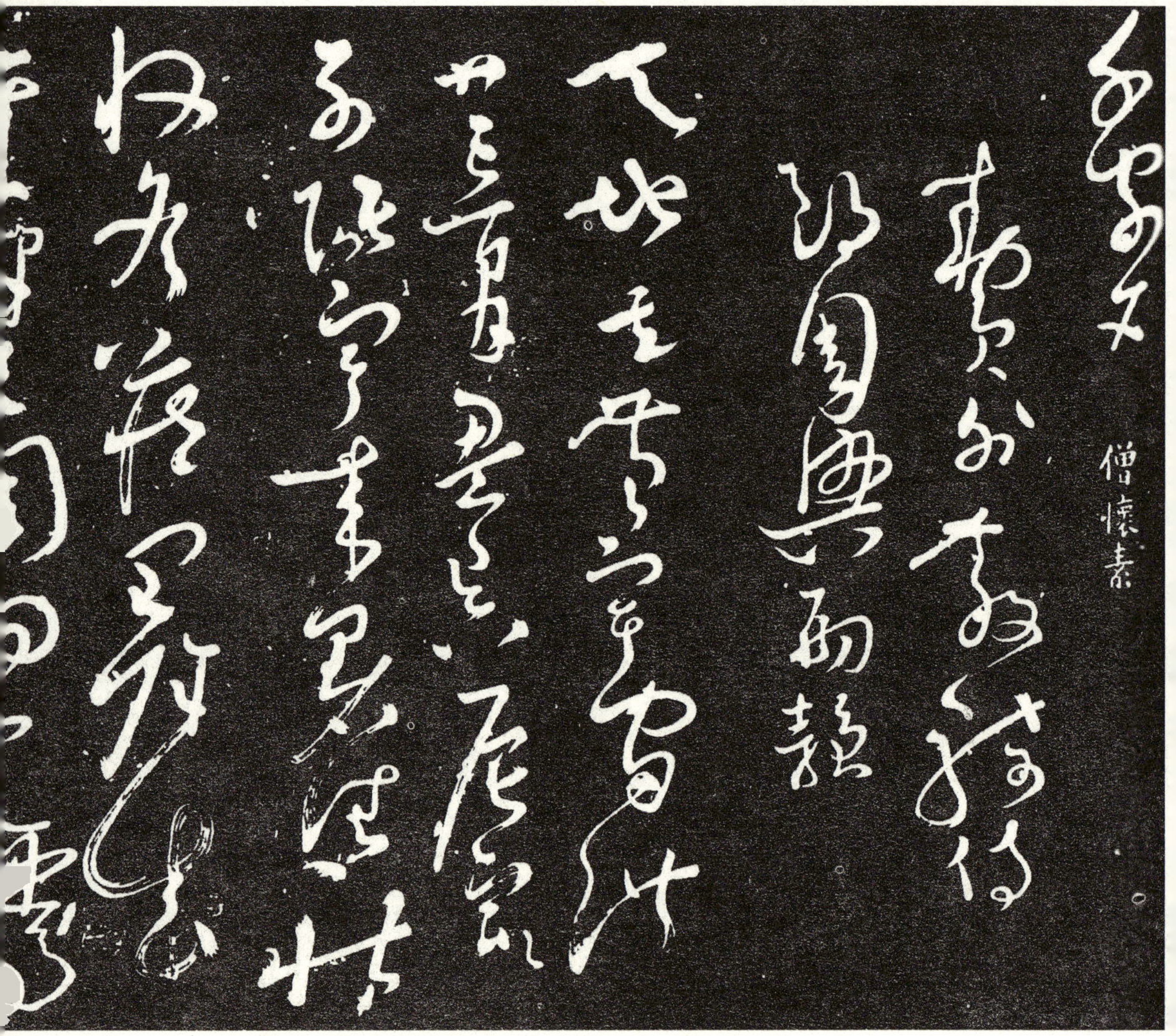

◎明刻 怀素《草书千字文》局部

后，面对寺院那洁白的墙壁，“起来向壁不停手，一行数字大如斗”，“忽然绝叫三五声，满壁纵横千万字”。在这么小的尺幅上去斤斤计较位置，太让这位狂僧放不开了，哪有明清人动辄八尺丈二的巨幅来得尽情尽兴呢？这大概就是所谓的时代局限了吧。当然，字幅的大小，字的大小也并不是能完全左右怀素们情感抒发的唯一因素，恰恰相反，只有在局限之内不离法度的一招一式，才是显功夫的。

唐代大草是有几个高人的，在怀素上人身后，还有高闲上人。他是中晚唐时期的一位在草书上很有成就的书法大家，他师承张旭，借鉴怀素，传世的书作仅有《草书千字文》。书风“长波溢海岸，大点出嵩丘”，高蹈阔步，卓尔不群，笔法字法墨法都极为娴熟。当然，这幅激情奔放汪洋恣肆的大草，纵也同样只有三十公分左右。

其实，大可不必为怀素及怀素们感到委屈，看着他们的书作，我又分明感觉到了他们的幸福，这不仅仅是指他们喜欢书法，而且赶上了一个适应书法生长的年代，谋到了一份好的职业，端上了一个铁饭碗。唐代崇奉佛教，僧人享有特殊的待遇，生活安逸，少了一些俗事烦扰，多了一份清心宁

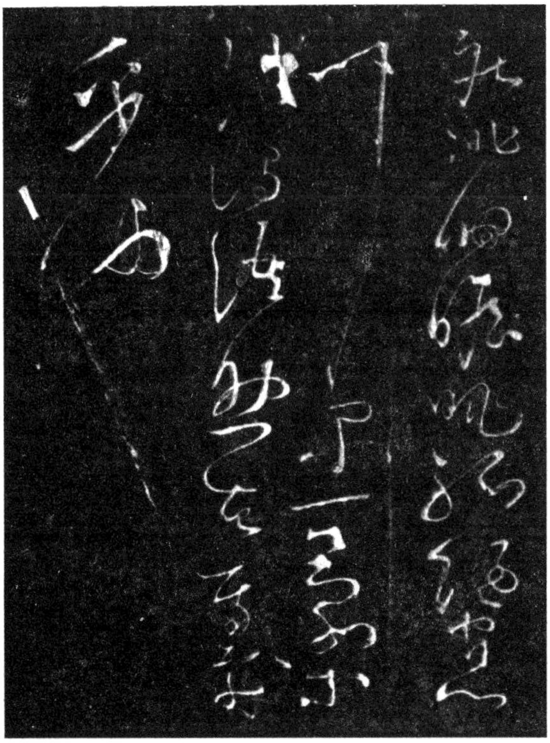

◎明刻 怀素《草书千字文》局部

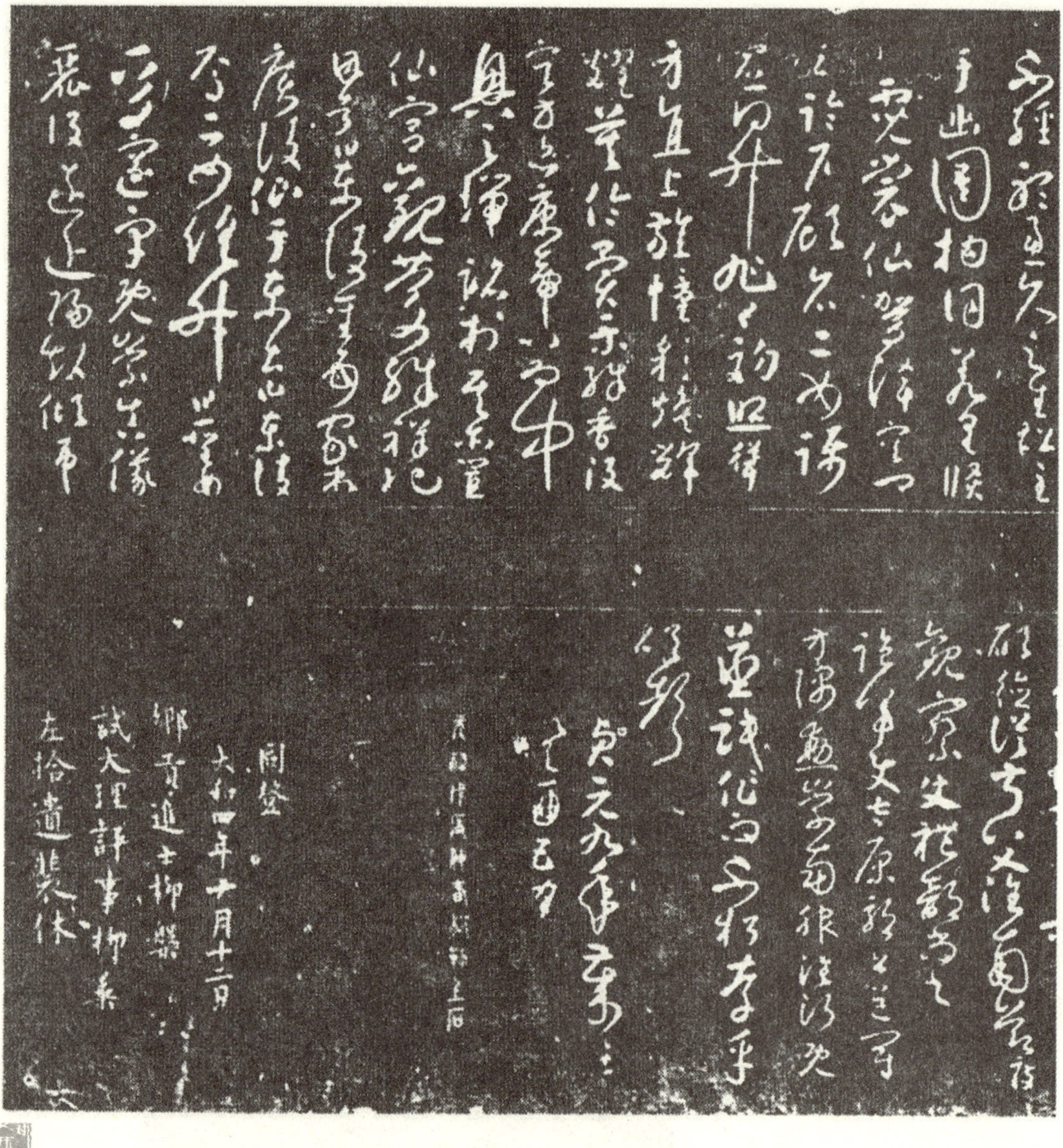

静，寄生于社会而又超然物外。他们经禅之余，有大量的时间来研习书法艺术。难怪僧人书法作为一个重要的门类，在书法史上占有极为重要的地位。又由于他们所接受的佛学文化中，那种空的成分或许正与抽象写意的草书在意境上达到了一种契合，所以，他们的行草书，尤其是草书取得了很大

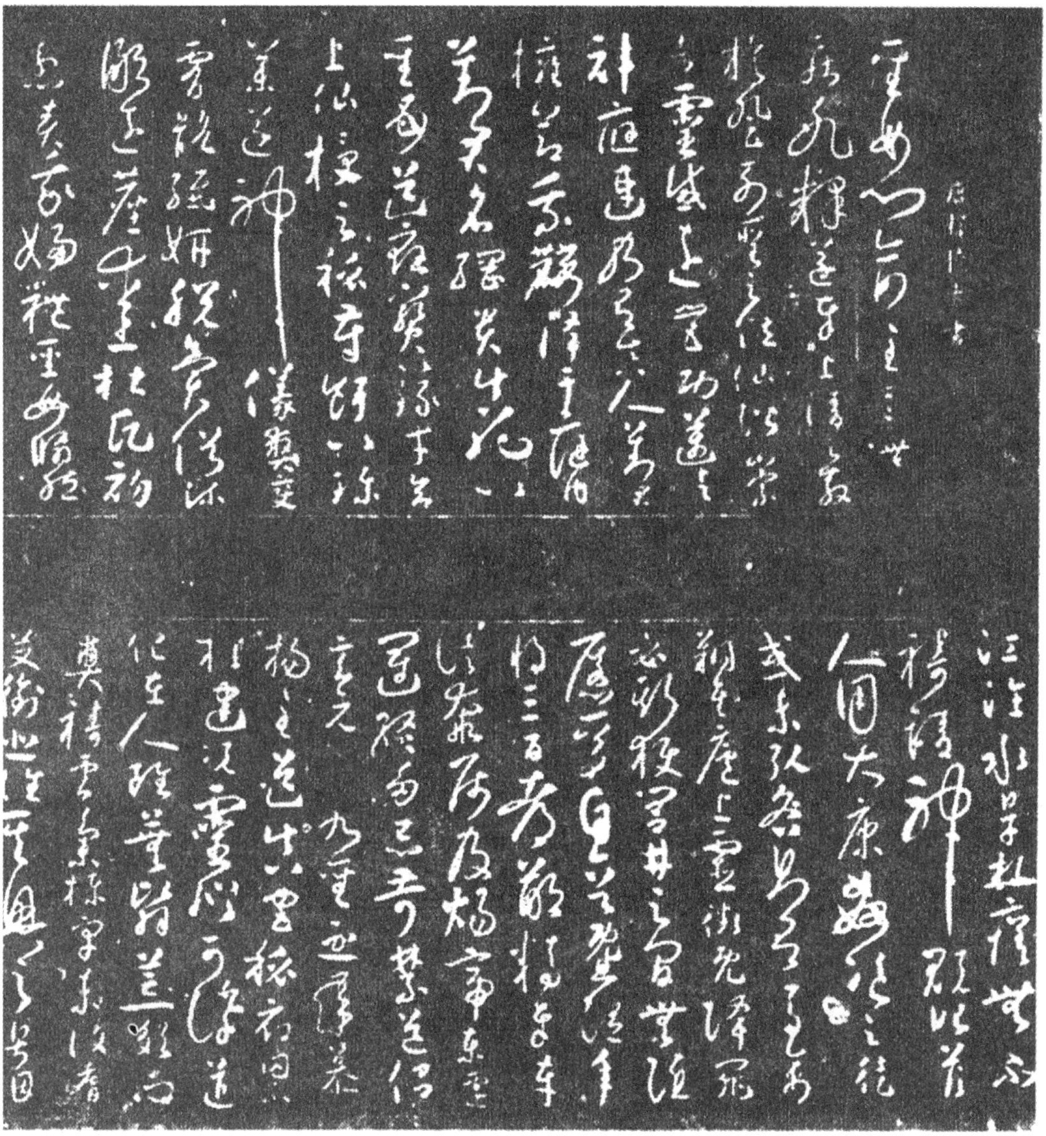

◎宋刻　怀素《东陵圣母帖》

的成就。像怀素，便成为中国书法发展史上关键性的人物。

我们所以说怀素们是幸福的，还在于他所生活的那个时代，是一个政治文化极为开放的时代，佛教文化随着宗教的盛行而渗透进社会各个阶层，影响着人们的生活和思想。俗人们也有急于了解佛教文化，结交僧人朋友的愿望，僧人们也愉快地走出山门，走进普通人中间，甚至游走在官府门第之间。因此，他们的文化也不再为寺庙的高墙所关闭，他们的书艺可以与任何世俗的人们去切磋交流，他们获得了提高的机会，获得了社会所承认的条件。反过来若终年仍是山门紧闭，青灯黄卷，你纵有过人的才情，又能怎样？你能写尽十亩芭蕉，笔能成冢又怎样？

当然，我们的怀素上人又是一个十足世俗的高僧了，他不仅不守清规，公开饮酒吃肉，而且还在自己练就了一手绝儿活后，南下北上，作万里云游。居长安期间，他还知道借助舅舅钱起的名望，广交当世名流，展示自己出众的才华。李白等数十人物，竞相作歌词赞美他的书艺，他还知道把这些赞美诗汇编一集，名为《怀素上人草书歌》，并请颜真卿老夫子作序文一篇。要说这怀素，真是堪称两条腿走路的典范啊。

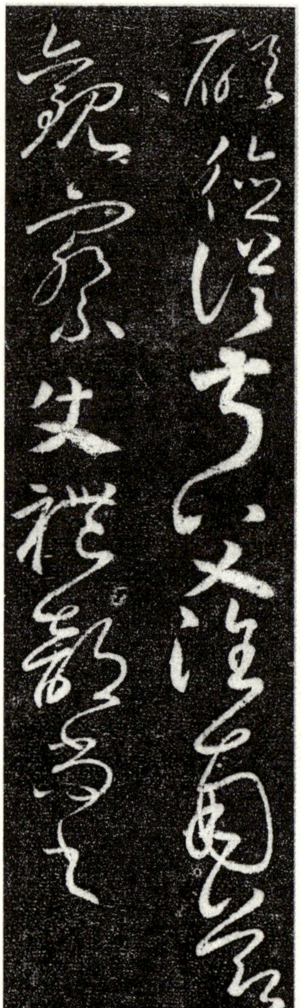

◎宋刻 怀素《东陵圣母帖》局部

创造一种与奋力上升的时代精神相一致的新书体，是一种必然

西安碑林存藏着颜真卿书写的多通碑子，主要有《多宝塔感应碑》《藏怀恪碑》《郭家庙碑》《颜勤礼碑》《颜氏家庙碑》《争座位稿帖刻石》等。这些碑子全为原刻，保存得比较完好，而碑面也大都字口清晰，这很长时间都让我疑惑不解。颜真卿作为一代大家，后世影响甚大，怎么碑子捶拓损伤得不严重呢？这中间原因肯定很多，但我总固执地认为，任何新事物的产生都是艰难的，它的推行也一定是不易的。颜真卿作为一个书体的革新大家，他的书法有一个被人们逐渐认识和接受的过程。他的书写并没有出现碑刻既成，人们蜂拥而至的热捧景况，这样的情形对碑子

的伤害是致命的。

而事实也大抵应该如此，颜真卿一生留下的书刻有七十余处，作为一个书家，这个量是很大的。但人们请他写字，大多是首先敬重他的人品，其次，是由于他历任四位皇帝的重臣身份。唐初有了魏征的直言敢谏，才使得唐王朝立定了脚跟，而盛中唐正是有了颜真卿的正气刚直鼎力支撑，才让唐王朝大厦不致倾圮。

月盈而亏，做事要留有余地，这些话现在想来蛮有道理。霓裳羽衣，温泉水滑，大唐王朝有些消受不了，开始往下出溜。大肚子安禄山瞅准时机不老实了，他瞄准的是长安，但腿脚被颜真卿兄弟死死拖住，唐王朝赢得了反击时间。而这次颜真卿搭上了堂兄，还失去了侄儿季明。此时，再联想那份《祭侄文稿》，悲壮而惨烈。时间过去将近三十年，颜真卿早已是过了古稀之年的老人，也到了政治生涯的暮年，但却逢上了悍将李希烈的反叛。这一次，颜真卿为了坚定地维护唐王朝的利益，把自已也搭进去了，真可谓为老李家的革命事业流尽了最后一滴血。不事权贵，不畏奸臣，以国家安全为重，置生死于度外，一个忠臣的形象永远嵌进了一个民族的记忆中。

颜体书法，正大正气，正面示人。用笔有藏有收，中锋裹行，有厚度，有力度，而结字也多从篆隶得到启发，横平竖直，左右竖往往呈相向之势，富有张力。字距行距小，布局茂密结实，字里行间充盈着一种坚强的力量。其行草书也取宽博之势，用墨燥润相杂，浓淡兼施，不为法度左右，却

悟

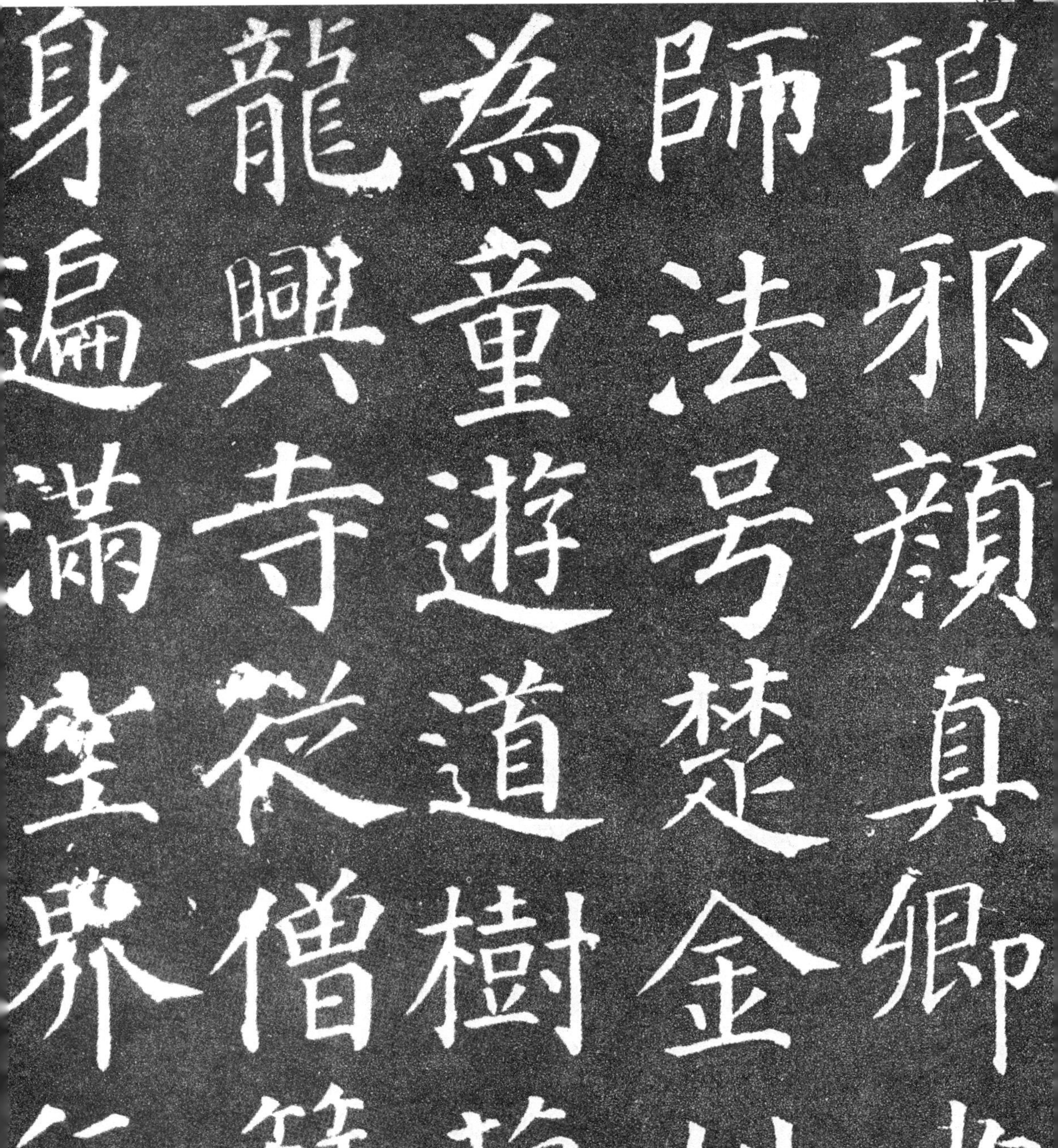

◎唐 颜真卿 《多宝塔碑》局部

又在法度之中，字的大小错落自然和谐，每篇书写都浑然一体，充满了质朴而豪迈的气概。人们品评书法，往往将书家的人品和字品自觉不自觉地联系起来，颜真卿便是常常第一个被道出的对象，是耶？非耶？

人品和书品之间肯定是会有一些必然联系的，而因人废书和因人立书，就一定合乎艺术的本真吗？抛开颜真卿自己长期的书写探索不说，大概那个时代也不可遏制地要有新人物出现了。初唐到盛唐的百余年间，大唐王朝坚韧不拔，天天向上，步入了一派盛世，绝对应该与有大气度大格局的文化相适应。书法领域，行草书的革故鼎新，使得步晋人后尘的楷书书写很是尴尬，创造一种与奋力上升的时代精神相一致的新书体，是一种必然。也许正是时代的呼唤，使得不俗的颜真卿脱颖而出。

尽管颜真卿是适应历史发展规律的，但他的新书写要想一下子冲破晋人风格的笼罩，迅速地为大众所接受所喜爱，那不是一件容易的事情。他的字的确是宋以后才慢慢影响开来的。

他对新书体的向往和追求，是无比坚定的

颜真卿是琅琊（今山东临沂）人氏，我很长时间都不愿意相信，中国历史上的两位顶尖书家都出自山东，甚至出自同一个小小的县域。的确有资料介绍，颜真卿为京兆万年人氏，我觉得能够接受，颜真卿的人与书都和大唐一代封建盛世的帝国形象相称。准确地讲，颜真卿的祖籍应该是琅琊，他的先祖早就出外，先是南向，后是西来读书做官了。

颜真卿的家庭非同寻常，从他的五代祖北齐学者颜之推开始，颜师古、颜昭甫、颜惟贞这一连串的名字，从其书写的碑文里，我们都已十分熟悉，这也都是一些非常了得的人物。具备了好的家庭环境，得益于好的时代条件，自己的刻

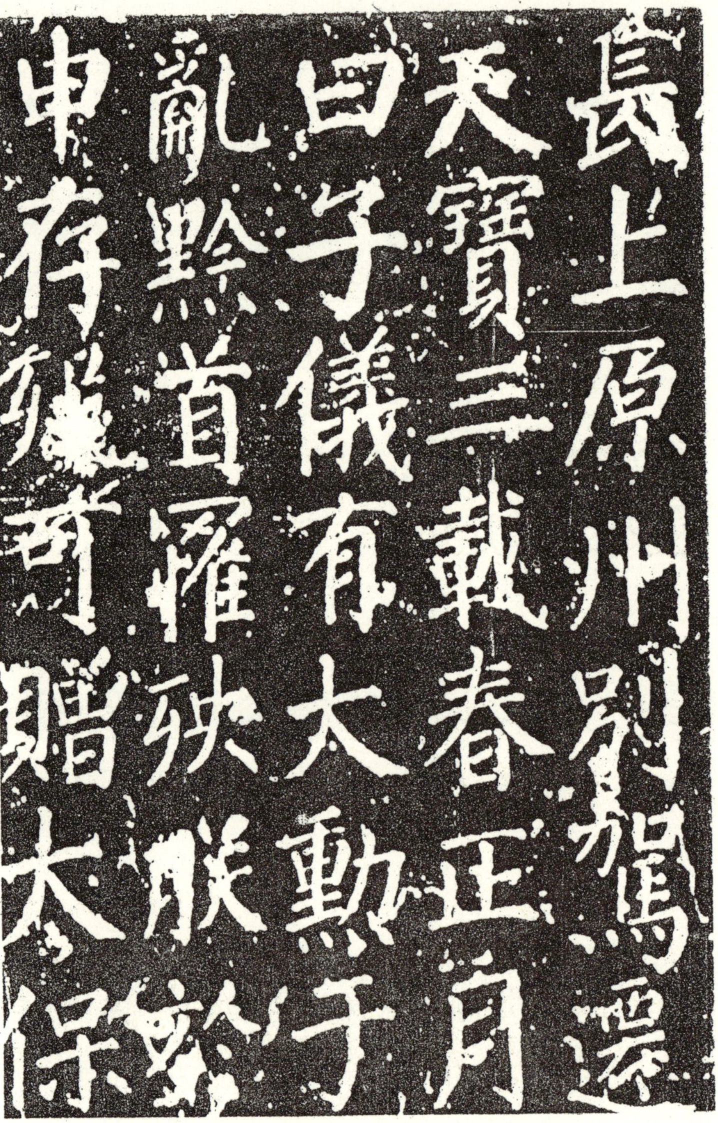

◎唐 颜真卿《郭家庙碑》局部

苦努力必不可少。颜真卿幼时即在母亲的教导下习书，及长又求教于当时的大书家张旭。再后来，痴情于书的颜真卿放下公务，专门去洛阳向张旭请教笔法，并将张长史所讲的内容整理成一篇中国书论史上的重要文章《述张长史笔法十二意》。张旭笔法传给真卿，成就了一代楷书大家，颜氏又将张氏笔法讲与怀素，遂又凸显一代草书大家，可见张旭创出的藏头护尾中锋用笔，真的是为中国书法拓出了又一个新的流向。从此，草书可以使转了，可以连绵了，可以一泻千里任情恣肆了，而楷书不再单薄，不再侧媚，不再文弱自适女郎之气了。即就在颜真卿早期写的《多宝塔感应碑》里，虽是在向南派学习，但笔下显然渗透着硬朗的成分，这与他曾多年取向北碑也不无关系。他临王羲之的《东方朔画赞》，甚至可以说是照着那个内容抄写，大体有个感觉而已。而对唐初诸楷书大家，他也在吸收，从《郭家庙碑》的整饬中，就可以悟出些欧书的意味。但颜真卿无论学习什么，在弄清优劣之后，都在竭力地摆脱着，这反映出了他强烈的主观意识和感情色彩，他对新书体的向往和追求，是无比坚定的。

颜真卿的出现不是偶然的，就如同晋代赐给了我们一个永远的王羲之一样，都是时代使然，历史的必然。颜真卿就前人而创新意，打破了“二王”以来书贵瘦硬的传统书风，

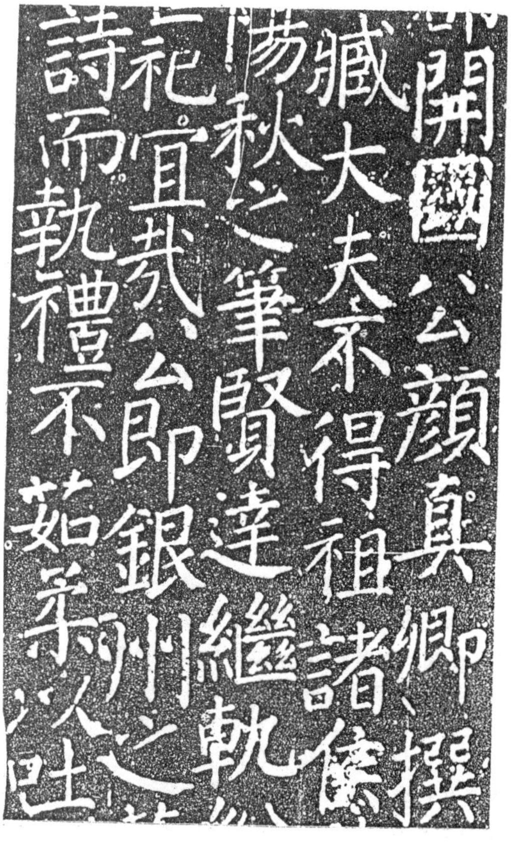

◎唐 颜真卿《藏怀恪碑》局部

创立了朴实坚强、大气磅礴、端庄方正，风格超迈的“颜体”书法，成为了书法史上与晋人王羲之同出一源又各自雄峙的另一座高峰，为汉字书写的文化宝库增添了新的内容。

颜体书法的风格特点与我们民族的审美观念、审美情趣相一致，方正大气，朴茂厚重，充分体现出了中华民族的高尚情操与气节，可以说，颜体书法是植根于我们民族心灵深处的艺术，深为人们所喜爱。同时，颜体对于习书而言，不仅好入手，而且也决不束缚人。与颜真卿的实用价值相比较，王羲之有点儿被神化为一个文化偶像的意思。尤其是对大众书法的基础训练而言，颜书的影响是王羲之所不能比拟的。人们常讲的“颜柳欧赵”四大家，多是从实际学习，尤其是就楷书而言的。

他的行草书也有别于晋以来的传统，以用笔的沉实和书势的开阔，为行草书的发展确立了又一风格。这一风格的书写在唐以降，渐已形成与“二王”流派行草书的抗衡之势，优秀书家代不乏人。这种行草书格局中“二王”传统流派与颜体流派两大势力，千余年来始终此消彼长，相互作用，影响和推动着行草书的发展。

颜真卿是用自己的生命写就了百代不朽的颜体大书

全球气候变暖了，而唐时的冬天大概比现在要寒冷吧。一天晚上，楚金禅师诵读法华经入迷，眼前幻映出一座金光四射的多宝塔，顷刻间周身感到了无限的温暖。激情难耐的楚金禅师忽然觉得这是一个缘，是佛赋予他的一种使命。于是，他开始四处奔走化缘求施，终于在他的不懈努力下，一座幻觉中的多宝塔伫立在了长安千福寺。皇上为此还曾捐钱捐物以显皇恩。楚金禅师感念于此，不仅终日抄写法华经分送众人，而且还请岑勋撰文，记述此事，刻成碑子立于塔下。这通碑子便是由颜真卿书写的《多宝塔感应碑》。

这是颜真卿较早时期书写的一通碑子，真正颜体的面目

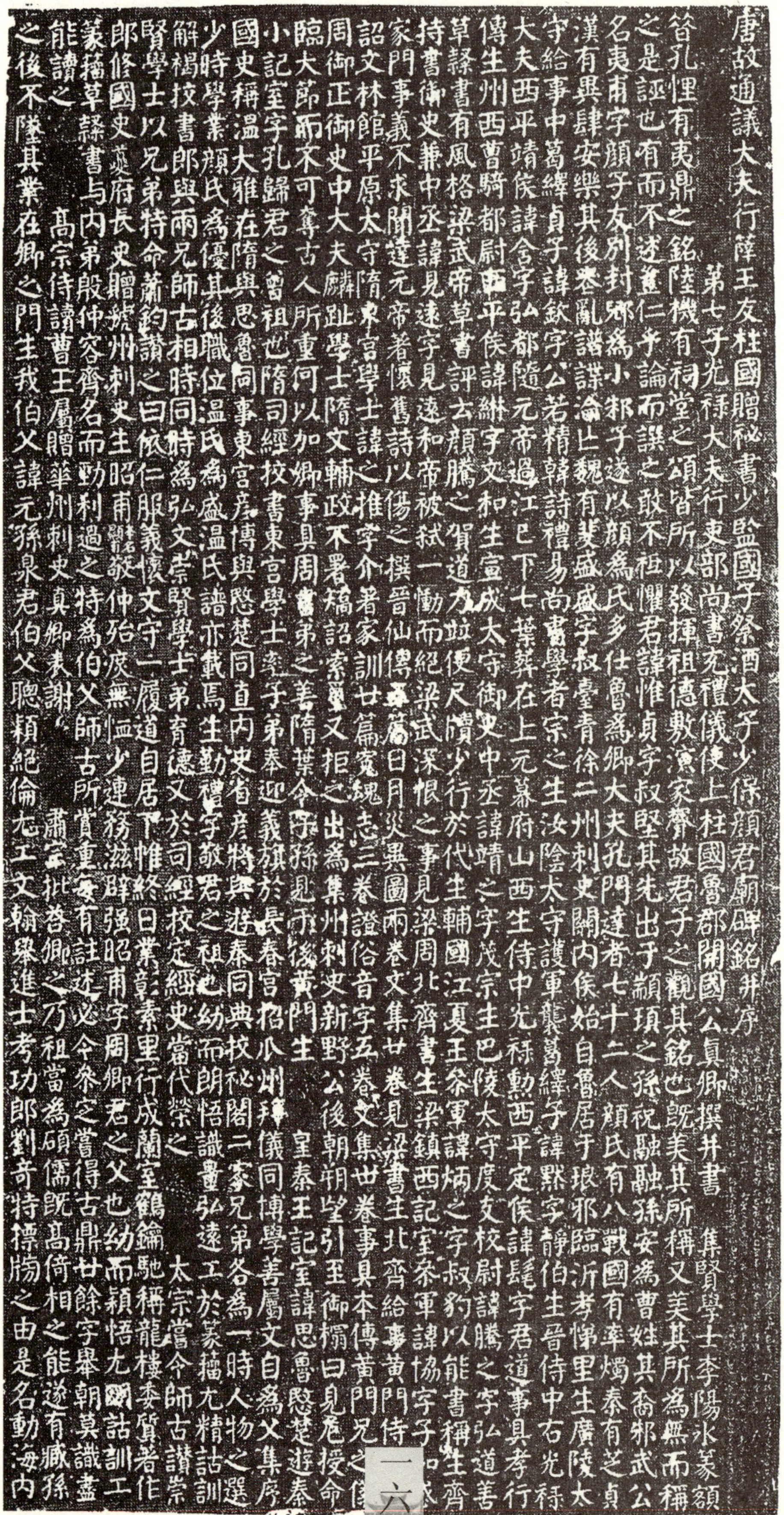
唐故通議大夫行薛王友柱國贈秘書少監國子祭酒太子少保顏君廟碑銘并序
第七子光祿大夫行吏部尚書充禮儀使上柱國魯郡開國公真卿撰并書　集賢學士李陽冰篆額
筍孔悝有夷鼎之銘陸機有祠堂之頌皆所以發揮祖德敷演家聲故君子之觀其銘也既美其所稱又美其所為無而稱
之是誣也有而不述是不仁乎論而譔之敢不祗懼君諱惟貞字叔堅其先出于顓頊之孫祝融融孫安為曹姓其裔邾武公
名夷甫字顏子友別封郳為小邾子遂以顏為氏多仕魯為卿大夫孔門達者七十二人顏氏有八戰國有率燭秦有芝貞
漢有異肆安樂其後喪亂譜諜淪亡魏有斐盛盛字叔臺青徐二州刺史關內侯始自魯居于琅邪臨沂孝悌里生廣陵太
守給事中葛繹貞子諱欽字公若精韓詩禮易尚書學者宗之生汝陰太守護軍襲葛繹子諱默字靜伯生晉侍中右光祿
大夫西平靖侯諱含字弘都隨元帝過江已下七葉葬在上元幕府山西生侍中光祿勳西平定侯諱髦字君道事具孝行
傳生州西曹騎都尉西平侯諱綝字文和生宣城太守御史中丞諱靖之字茂宗生巴陵太守度支校尉諱騰之字弘道善
草隸書有風格梁武帝草書評云顏騰之賀道力並便尺牘少行於代生輔國江夏王參軍諱炳之字叔豹以能書稱生齊
持書御史兼中丞諱見遠字見遠和帝被弒一慟而絕梁武深恨之事見梁周北齊書生梁鎮西記室參軍諱協字子和
家門事義不求聞達元帝著懷舊詩以傷之撰晉仙傳五篇日月災異圖兩卷文集廿卷見梁書生北齊給事黃門侍
詔文林館平原太守隋東宮學士諱之推字介著家訓廿篇冤魂志三卷證俗音字五卷文集卅卷事具本傳黃門兄之儀
周御正御史中大夫麟趾學士隋文輔政不署矯詔素[illegible]又拒之出為集州刺史新野公後朝朔望引至御榻曰見危授命
臨大節而不可奪古人所重何以加卿事具周書弟之善隋葉令[illegible]孫[illegible]而後黃門生　皇秦王記室諱思魯愍楚遊秦
小記室字孔歸君之曾祖也隋司經校書東宮學士[illegible]子弟奉迎義旗於長春宮[illegible]州拜儀同博學善屬文自為文集序
國史稱溫大雅在隋與思魯同事東宮彥博與愍楚同直內史省彥將與遊秦同典校秘閣二家兄弟各為一時人物之選
少時學業顏氏為優其後職位溫氏為盛溫氏譜亦載焉生勤禮字敬君之祖也幼而朗悟識量弘遠工於篆籀尤精詁訓
解褐校書郎與兩兄師古相時同時為弘文崇賢學士弟育德又於司經校定經史當代榮之　太宗嘗令師古讚崇
賢學士以兄弟特命蕭鈞讚之曰依仁服義懷文守一履道自居下帷終日業彰素里行成蘭室鶴籥馳稱龍樓委質著作
郎修國史夔府長史贈虢州刺史生昭甫（本名顯）敬仲殆庶無恤少連務滋辟強昭甫字周卿君之父也幼而穎悟尤明詁訓工
篆籀草隸書与內弟殷仲容齊名而勁利過之特為伯父師古所賞重每有註述必令參定嘗得古鼎廿餘字舉朝莫識盡
能讀之　高宗侍讀曹王屬贈華州刺史真卿表謝　肅宗批答卿之乃祖當為碩儒既高倚相之能遂有臧孫
之後不隳其業在卿之門生我伯父諱元孫泉君伯父聰穎絕倫尤工文翰舉進士考功郎劉奇特標牓之由是名動海內

◎唐　颜真卿《颜氏家庙碑》

古长安碑刻说三部曲之

还没有显现出来。但就此风格的书写来讲，其功力和水平也绝不在唐初的诸大家之下。而且相对于西安碑林所藏的另外几通颜氏成熟期的碑刻来说，影响也相当之大。这大概应是一件上承传统、下启新法，具有兼容性的作品，用笔清晰，点画分明，结字平稳谨严，端庄平实，很好入手。基本的书写以它为范本当是可行的，它绝对能承担起书法基本书写训练的要求。

有过私塾底子的家父曾受塾师张少白的影响，写得一手纯正的《多宝塔感应碑》，儿时的我曾临父亲为我写的仿帖。因此，也可以说，《多宝塔感应碑》给了我最初的启蒙。当然，那时写得好不好不知道，反正家父的巴掌速度之快力度之大，到现在也还记得。20世纪50年代，北京一家出版社曾编辑出版过一套“颜柳欧赵间架结构习字帖”，其中颜字选的就是《多宝塔感应碑》。那套字帖印量非常大，20世纪七八十年代，该社又进行了再版，封面都没有换，仍是各个书店的长销书。

郭子仪是我们在旧戏中可以接触到的人物，他也是大唐一代名将忠臣，在朔方节度使任上，率军击败叛军史思明部，后又联合回纥击退吐蕃，有力地维护了大唐王朝的统一。同样，到后来遭受奸臣元载等人的嫉妒陷害，与颜真卿情谊相笃又有着相同的命运。颜真卿曾应邀为其家庙书写过一通碑子，这便是现藏西安碑林的《郭家庙碑》。写这通碑子的时候，颜真卿正值壮年，书法已脱尽晋人和初唐之风，完全生成了颜体自家的风貌。颜体形成后的书写大体面目风

銘也既美其
之孫祝融融
二人顏氏有

◎唐 颜真卿《颜氏家庙碑》局部

格是一致的，但每帖的书写又有很多不同的地方，此碑神清气爽，点画分明，横细竖粗就说明，书写时是有所控制的，尚没有进入浑朴的状态，这一类的颜书也是比较适合初学者临习的。

而真正到了《颜氏家庙碑》，此时颜真卿已臻人书俱老之境，加之为父立碑，一定是人生风云感慨万端，家事国事齐聚心头，凝千钧笔力于腕下，融篆籀之气于毫端，老笔纷披，力透纸背，大巧若拙，浑朴沉雄，真正做到了荡古法于昨，开大道于今。“曾闻碧海掣鲸鱼，神力苍茫运太虚。间气古今三鼎足，杜诗韩笔与颜书。”古人的诗作是对颜真卿书法最好的赞美。可是，颜真卿此类的书作是不好学的，没有人生的积淀，缺乏恒久的功力，也是学不来的。

写完这通碑子五年后的颜

真卿，曾指着囚禁他的墙壁对反人李希烈说：“此处乃吾之葬所！”凛然之气，撼人心魄。其实，颜真卿是用自己的生命写就了百代不朽的颜体大书。

这中间，那位姓刘的省长大人是有过贡献的

“晚刘省长在易俗社设宴演剧饯行，至夜又送来《颜勤礼碑》十份、《李二曲集》一部，杞果、蒲陶、蒺蔾、花生各二合。”这是鲁迅1924年8月3日的日记。先生面子真的不薄，一下就得到了十张《勤礼碑》的拓片，而且大气，立刻分送同道好友。

这送拓片的刘省长何许人也？民国初年的军阀刘镇华。此君后来在国内军阀混战中，为了给主子吴佩孚扩大地盘，率十万大军围攻西安城八个月，致使战死、饿死、病死军民达五万之多，可谓是西安现代史上名人中的名人。《颜勤礼碑》的失而复得，就在此人任陕西省长期间。

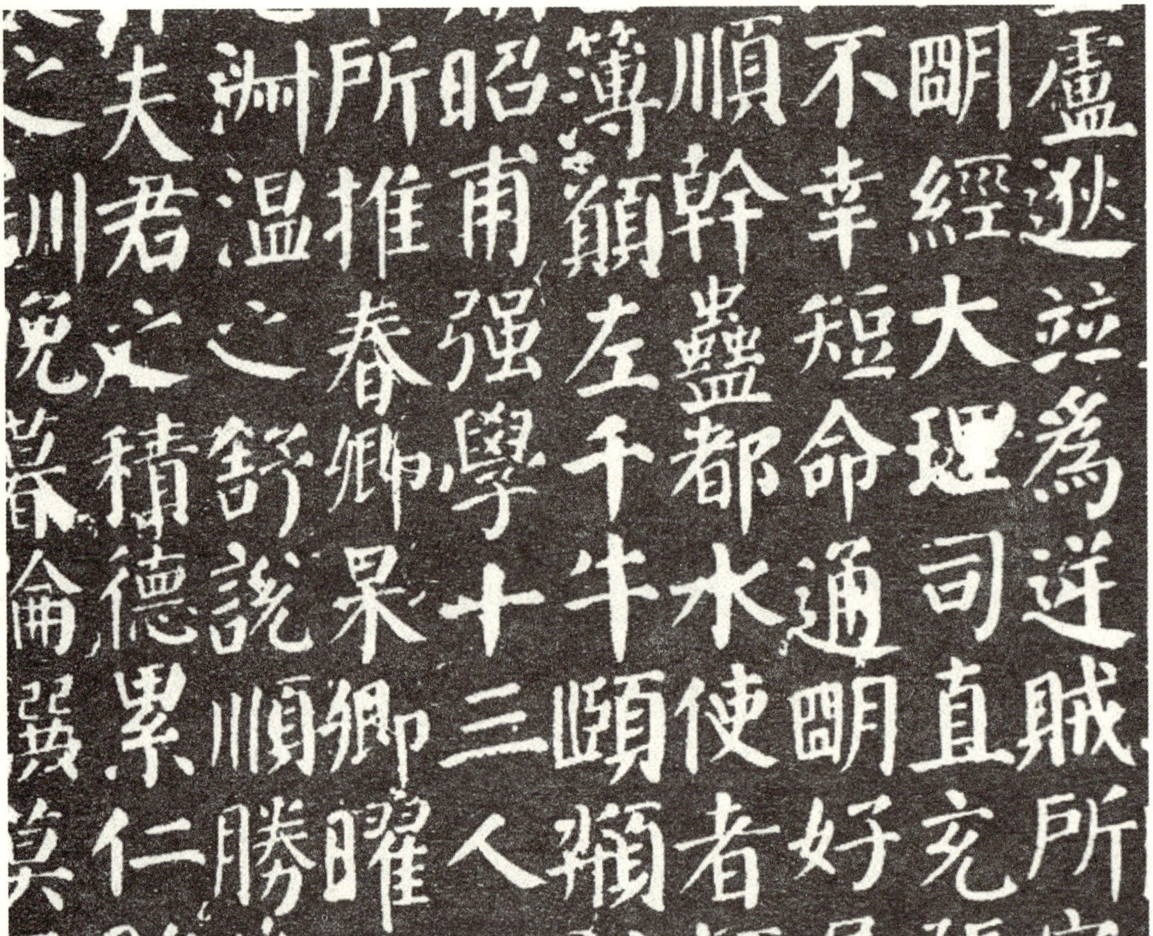
盧逖並為逆賊所害俱蒙贈五
朙經大理司直充張萬頃嶺南
不幸短命通朙好屬文項城尉
順幹蠱都水使者穎介直河南
簿顏左千牛頤獨並京兆參軍
昭甫强學十三人四世為學士
所推春卿杲卿曜卿允南而下
淵溫之舒詵順勝怡渾允濟挺
夫君之積德累仁貽謀有裕則

◎唐 颜真卿 《颜勤礼碑》局部

尉故相國蘇頲舉茂才又爲張
常山太守敘逆賊安祿山將李
賊來京遇害楚毒參下詈言不
川司馬旭卿善草書胤山令茂
南工詩人皆諷誦之善草隸書
卿仁厚有吏材富平尉真長耿
士校書郎舉文詞秀逸醴泉尉
使魯郡公允臧敦實有吏能舉
馬長卿晉卿邠卿充國質多無
有吏道父開士門佐其謀彭州

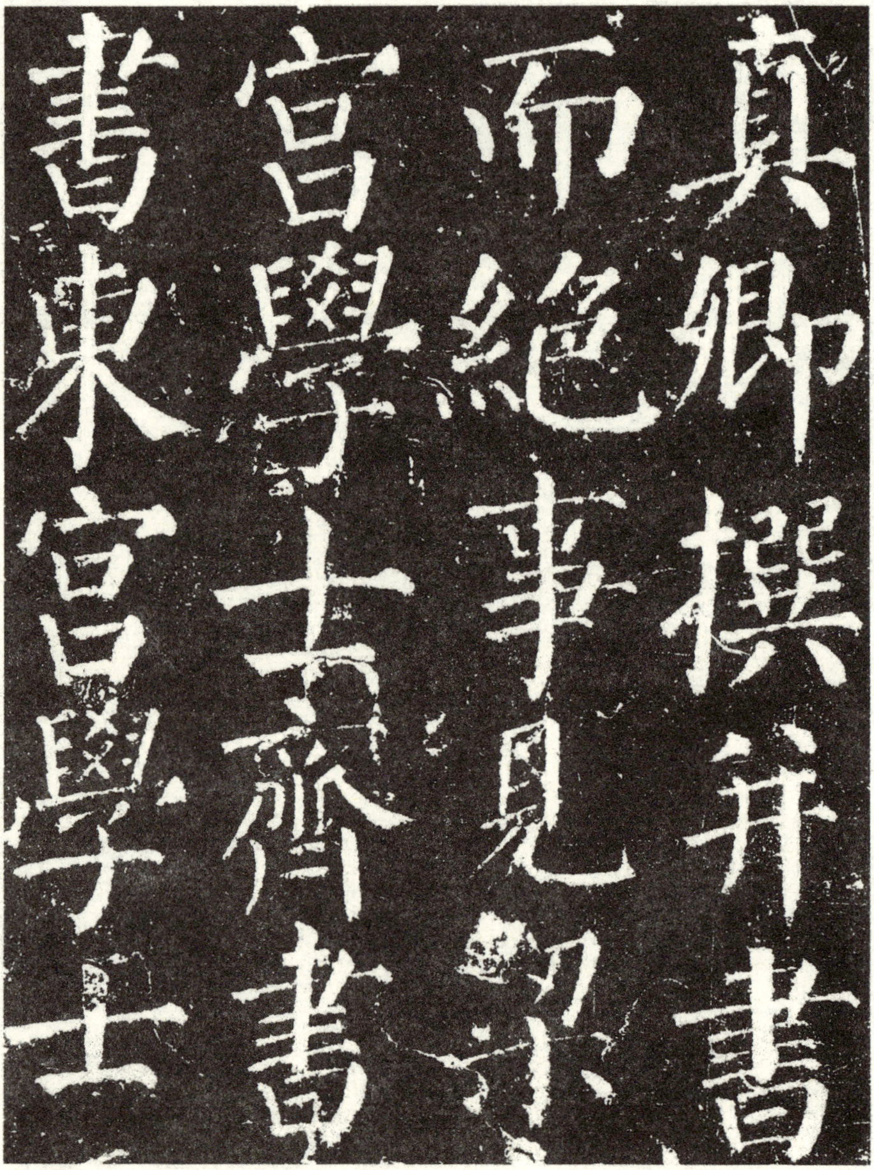

◎唐 颜真卿 《颜勤礼碑》局部

此刘是一个爱好之人，来陕履新，看到公署建筑年久失修，倾颓破败，感到很没有面子。于是，征粮征款，征派民夫，大兴土木。这一动工不当紧，埋没近千年的《颜勤礼碑》重见天日。大名鼎鼎的颜真卿的碑子谁还能不认得？于是，管事的赶紧找来西安碑拓行的高手，拓了几份急送刘镇华。刘某人定大喜过望，满城的文人骚客也是奔走相告。名碑重现于世，引得观看的人们络绎不绝，一时间公署大院熙熙攘攘，热闹非凡。当然是有门道的也许能得到捶拓的机会，但这个特权，刘某人是会很好地把持利用的。他要升官，他要发财，他会把新出土的名碑拓片送他认为需要奉送的人。

文化界名流学者也是不可少的，于是，鲁迅及国内当时一批知名人士被邀请来陕讲学。虽然是为了自己的形象，但说来，人家老刘还是蛮有些尊重知识、尊重人才的味道。来了就要安排人家转转吧，临走就要送人家点儿纪念品吧，这《颜勤礼碑》的拓片，可能就被当作陕西土特产赠送给各位来宾了。要是这样讲，于情于理好像也能说得过去啊，理解老刘。再说，这拓片要是送到了鲁迅先生这样的人手里，也真是给它们找到了好的下家。

唐末，为把弃之郊外的石经移入城内，一位读书人曾向守将讲了一个理由，说是敌军攻城可以碎石，向城内投掷，石经才得以保护。说出碎石的话是智慧，但宋初的确有长安守者毁境内古碑后圃建亭榭之事发生。颜家的墓地在长安县城南二十里，此碑却得以幸存，大概毁的一般碑石居多，而对颜真卿这样的人物书写的碑子，还是要有些敬畏的。后来宋哲宗时，此碑移到了城里，何时没于地下不得而知。一起从公署建筑工地出土的还有几通碑子，这显然是人有意为之。

《颜勤礼碑》是真卿为其曾祖父颜勤礼立的神道碑，文也由颜氏亲自撰写。此碑为颜体完全成熟时期的书写，当是颜氏晚年时期的又一通力作。此碑书写情绪的起伏很清楚，一开始是横细竖粗，笔笔交代的明白，渐渐地腕力加强，笔下沉实，线条浑厚强壮起来，粗细也不再分明，整体上是由心境平静到情绪沉郁，章节的感觉还是很明显的。

《颜勤礼碑》出土虽晚，但迅速成为了一通名碑，这中间，那位姓刘的省长大人是有过贡献的。“文革”之火才熄，广东人民出版社就编辑出版了这通帖子，由岭南商承祚老先生撰文推介，装帧设计味道都很纯，拿到手中的感觉依然很好，当年我买了一册放在案上却丢失了。于是，又照那个本子买了一册，至今仍伴着我。

从这丰富的阅历中陶铸正气，使得他的书法艺术具有了高尚的品质

流传下来的三十余件颜真卿的行草书中，“三稿”最为著名。它也当是颜真卿人生情感中最为重要的书写，这便是《祭侄文稿》《祭伯文稿》和《争座位帖》。西安碑林藏有一通《争座位帖》刻石，此帖颜真卿书写于唐代宗广德二年（公元764年），原稿后由京兆安氏家收藏并刻石。宋以来，《争座位帖》的摹刻共有七种，当下印刷出版的帖子，多是以西安碑林的刻石为底本。

玄宗时，宦官鱼朝恩专权，骄横跋扈，胡作非为。在一次欢迎大将郭子仪平定反叛，得胜还朝的行香仪式上，奸臣郭英乂为了巴结讨好鱼朝恩，故意在安排前后座次上抬高他

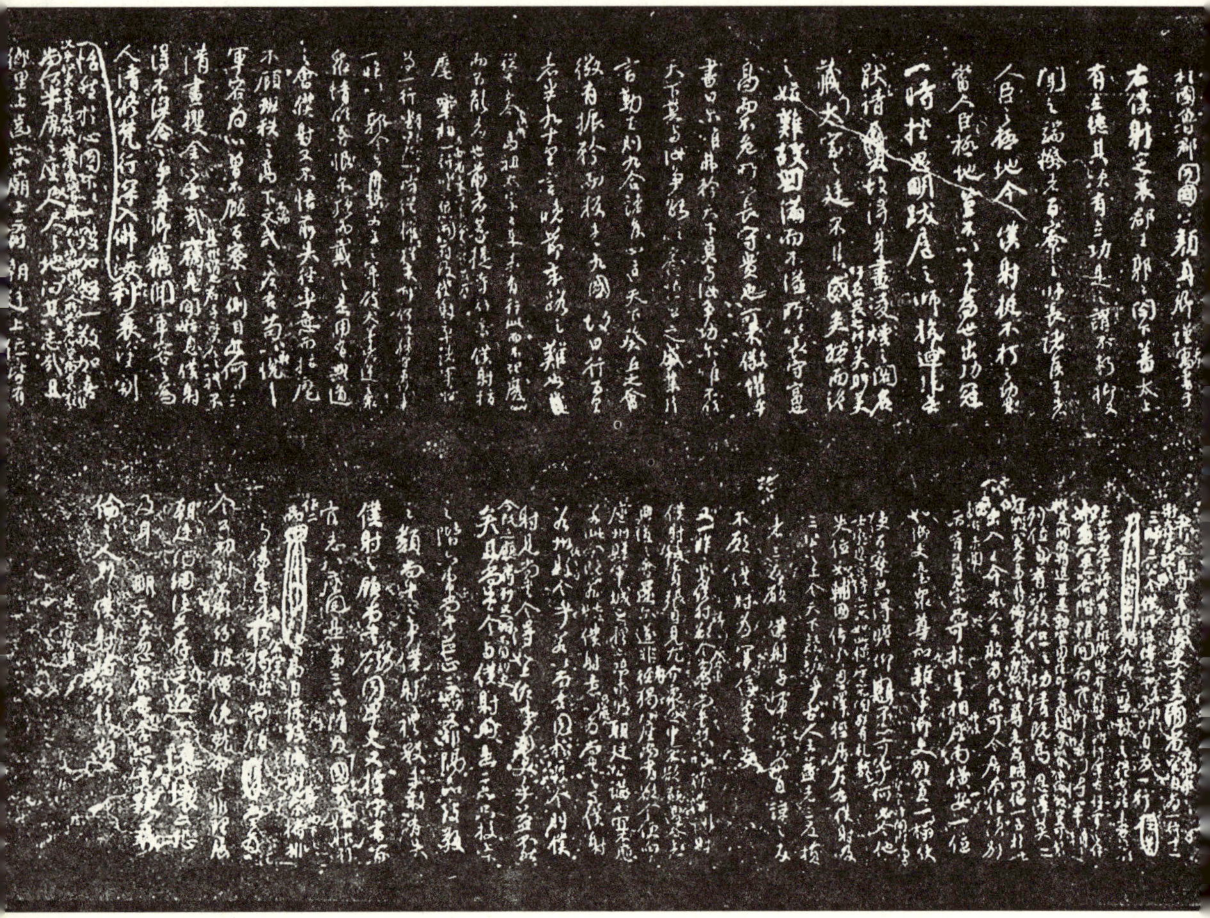

◎宋刻 颜真卿 《争座位帖》

的地位。而在欢迎宴会上，又一次不顾朝纲法纪，把鱼朝恩安排在高官要职有功之臣之前。对此恶劣的行径，文武百官敢怒不敢言，而刚正不阿的颜真卿则不畏权势愤而指斥，写下了一篇义正词严的檄文，这便是《与郭仆射书》，世称《争座位帖》。“若一时从权，亦尤不可，何况即席更行，率意而为之，不顾班秩之高下，不论文武之左右，苟以取悦军容”“朝廷纲纪、须存共立”。文章慷慨激越，震撼人心，书法更是酣畅淋漓，荡气回肠。坚实劲挺的线条，曲式环抱的结字，挥洒自如，气势飞动。它是一篇寓有深刻思想和饱满情感的文章，无意于书而书自工，作者正直高尚的人格和深厚的书写功力完美结合，达到了内容和形式的高度统一。

我们看惯了晋人飘逸流便的行草，突然间出现了颜书行草，着实让人有耳目一新之感。他的行草书继续着他楷书的中锋外拓的笔法，宽绰大方，气势开张，“折钗股”“屋漏痕”的意味一样很强烈。再就是他的这些行草书，大多为有感而发的实用性文书，因而信笔而书，自然朴实。尤其是用墨，与其楷书的厚重不同，浓淡有致，燥润相杂，生动自然。再有，是点画有姿，结体有态，在一派自然里感到作者的匠心安排。

颜真卿的一生事四朝皇帝，历经唐代盛中期的巨大社会变革，参与了那个时代许多惊心动魄，决定历史命运和时代进程的重大政治斗争，表现出了非凡的政治才干，为唐王朝的统一和发展做出了卓越的贡献。而从这丰富的阅历中陶铸正气，使得他的书法艺术具有了高尚的品质。相对于王右军的隐逸，他不退却，不躲避，敢于担当，不懈进击的精神，永远都会让人感佩的。

“水满清溪花满坡，一路中锋起新歌。和风绘出春景致，笔下文章一天罗。”日子过得真快，多年前习颜的情景都历历在目，那时多有向往啊！一天到晚热血沸腾地临写着，顾了起顾不了收，顾了撇顾不了捺，《颜勤礼碑》上的字清楚地在面前摆着，那么明了，可自己就是把字写不到一块。写得有点儿样子了，先生说写写别的吧，于是，二十年再没有回头亲近过颜体，只是偶尔翻看一下而已，当然，在

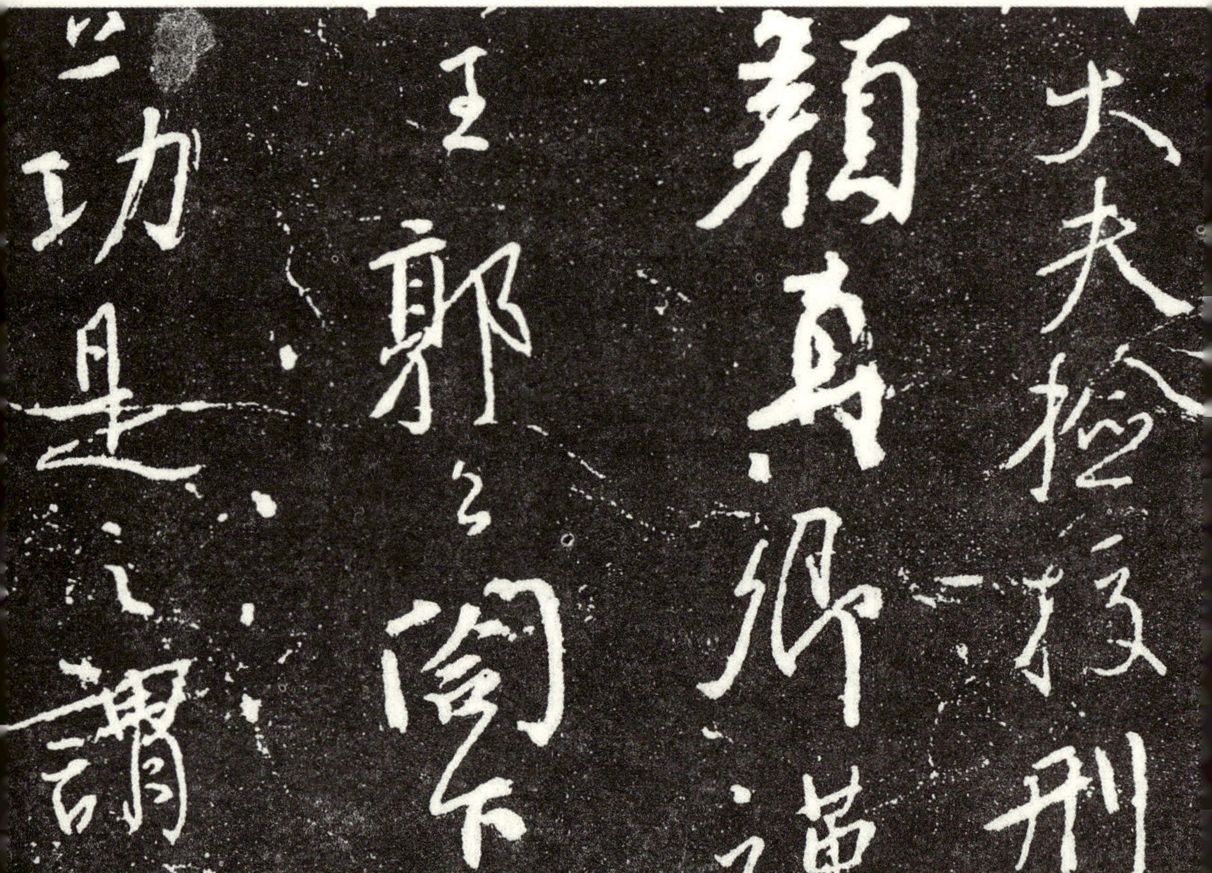

◎宋刻 颜真卿 《争座位帖》局部

◎宋刻 颜真卿 《争座位帖》局部

这些年的书写中老在想它，也在用它。去冬，女儿生日，我们全家去西关正街一餐厅聚餐，刚一进那大厅，我就被整个东墙壁上颜真卿的《元次山碑》抓住了。那是店家用电脑喷塑而成的装饰，斑驳石花的万千气象中，凸显出的字有一尺见方，那么沉稳，那么华贵。颜字愈大愈震撼人，我一餐饭不知肉味，只看东墙，惹得女儿很不满意，送我美名曰“失魂鱼”。鱼就鱼，回来“鱼”就伏在案上周吴郑王地临了《次山碑》百十来字。瘾是过了，但是没写进去，线条松，颜字那浓润的感觉也没有找到。写字，尤其是写颜真卿这样的大家，搭个架子容易，笔法紧扣也不难，但要写出其思想内涵，写出精神气质，可就不容易了。这次临习还让我想到，每次习草之前，应该先写上几个颜字楷书，或《好大王碑》之类，找找藏头护尾中锋用笔的感觉，体味一下字的位置感，下来就顺多了。

你说这样的才华，谁当领导不让着他三分呢

在西安碑林，那通著名的《玄秘塔碑》巍巍屹立在二室的东侧，这通碑子高3.8米有余，宽1.2米，那高大的感觉真是一座丰碑。这通碑子记述的是长安城安国寺上座大达法师的生平及受德宗、顺宗、宪宗三代皇帝恩宠的事迹。此碑刻竣后立在安国寺内，北宋时移入西安碑林。立这通碑子的时候柳公权64岁，正是他书法最好的时期，而这通碑子书写时的状态也佳。因此，此碑的书法分外精彩，历来被视为“柳体”楷书的代表性作品。

西安碑林还收藏有一通柳公权《迴元观钟楼铭》的碑子，1986年西安南郊建筑工地出土，当时影响很大。这通碑

子的形状较为特殊，高0.5米有，宽1.2米，为扁方形。古代寺庙墓冢立碑，皆竖石直立，上冠碑额，下奠碑座，此横石无覆无座，大概是嵌在观中壁间的。碑子的书刻保存之完好，当为存世柳碑之最，这大概是碑子立起来后不久即埋入了地下，是否为唐末朱温毁弃长安城所致，不得而知。

其实，就我所见到柳氏碑子最为高大者，当为陕西高陵的《李晟碑》。此碑立在高陵城里一座中学校园内，有碑亭

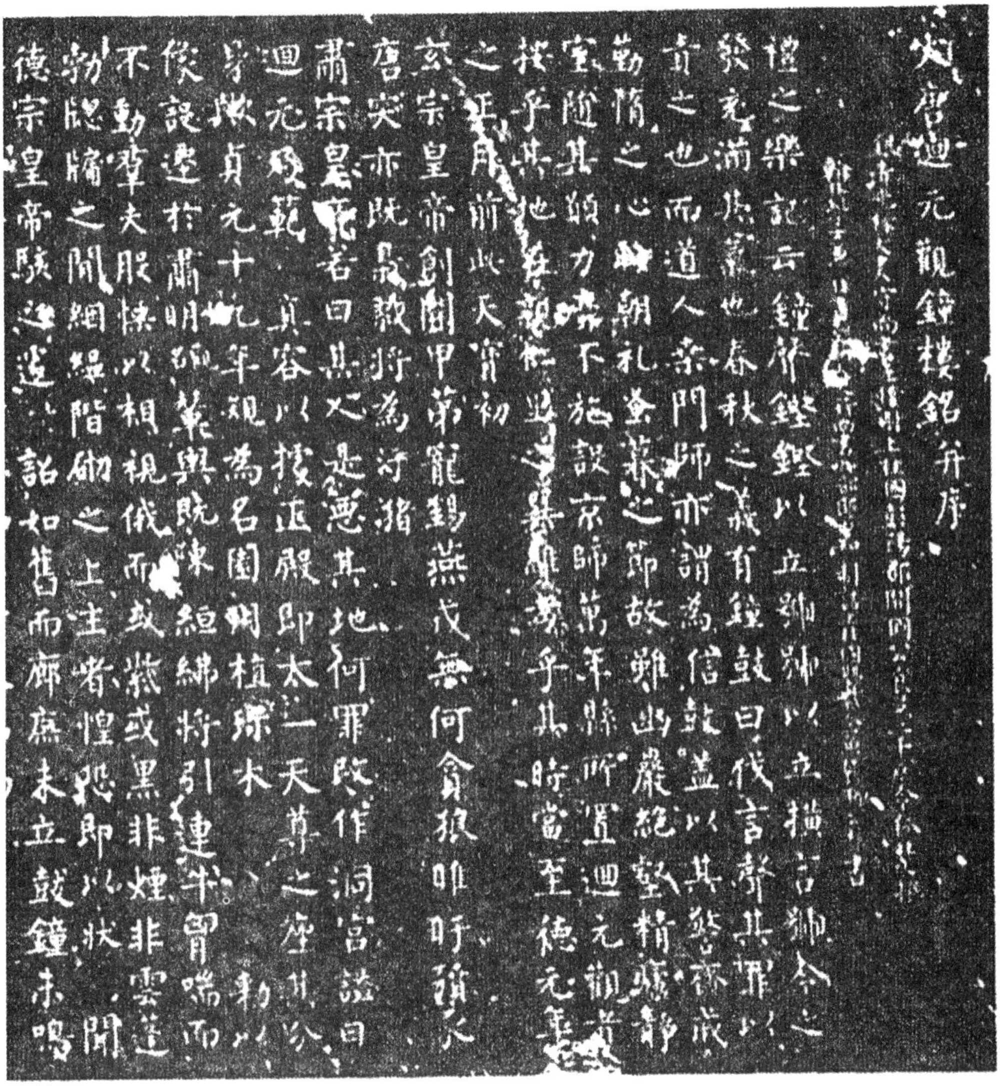

◎唐 柳公权《迴元观钟楼铭》

遮护，碑高4.4米，宽1.5米，站立碑前有撼人之感。《李晟碑》在当地有“三绝碑”之誉，应该不假。此碑撰文者裴度，诚为大手笔。碑主李晟是唐王朝后期的主要支撑者，受封西平郡王，与郭子仪、李光弼齐名，为一代名将，而书者柳公权为朝中第一高手。其实，就这通碑子的实际书写来看，在柳字中当属一般，结字缺乏那种中宫紧收的紧结感，稍显松懈，精气神不佳。线条僵硬，似在欧颜之间没有找到

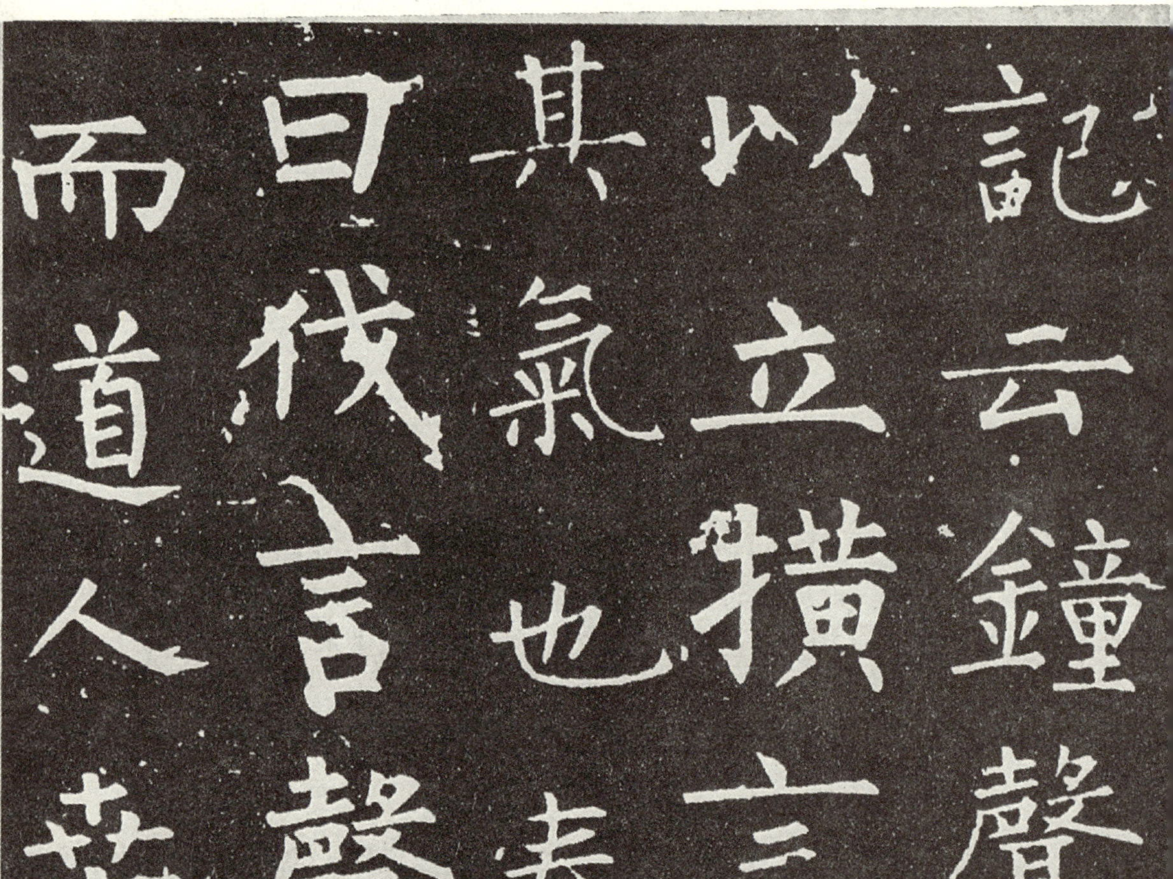

◎唐　柳公权《廻元观钟楼铭》局部

顺遂的感觉。写这通碑子的时候柳公权52岁，当为柳字的早中期，尚处在柳字的成熟过程中。但此碑近一千八百字的书写，情绪控制的很是平稳，前后风格基本感觉不来变化。这老李家的后人给先人立碑真是攒劲，这么大的碑子难为了书写者，也难为了拓碑者，近四米高的碑子，我们可以算算，要多少张四尺的纸粘起来才能拓下来。我存放了一张此碑的拓片，但不曾打开，倒不是怕损伤了它，主要是打开一次太艰难了。《玄秘塔碑》也巨，拓来也同样不容易。一次，一位朋友把我叫到他家里，要把他藏的此碑的拓片送我，那是旧拓剪裁过的，一条一条粘贴在一本发黄的老杂志上，我看了十分心疼。剪裱本比起整张价位都要跌十之八九，何况这样随意的剪裁。我告诉他拿到装裱店裱一下吧，好好放着，既然是先人留下的，也是个纪念。

柳公权是晚唐书法的代表性人物，是唐代楷书艺术的总结者，他集欧阳询与颜真卿楷书之长，将更早的右军超逸的笔法通融开来，创研出“柳体”楷书，成为唐代楷书的又一座高峰，对千百年来的书写产生了重大的影响，所谓的“颜筋柳骨”是对其书法实质性的美誉。而在政治仕途上，柳不似颜那么跌宕起伏，坎坷不平。柳一生也高寿，先后仕七朝皇帝，官位屡更，但大都不是朝中的要职。从“骨鲠气刚，耿介特立”的书风，可以联想到他的“言事有诤臣风采”，但所渲染的一些谏言都又局限在领导的生活小节上。上峰不与他计较，甚至还对他的敢于直言的精神赞赏有加，肯定也觉得他说的不是什么大事，也可能两人关系好得能够承受这些，或是真的被柳氏的才华所彻底折服。譬如有一次，他与文宗——就是几次挨过他批评的那个皇帝一起吟诗联句，文宗出句：“人皆苦炎热，我爱夏日长。”在众人的对句中，唯有柳氏的“熏风自南来，殿阁生余凉”之句为他喜欢。我看也着实精彩，你说，这样的才华，谁当领导不让着他三分呢？

而在不长的时间内，使得碑林又站立起来

《玄秘塔碑》的上端曾拦腰折断，修补后的痕迹十分明显，对照宋拓的碑文，还有残损之字，这是不是明嘉靖三十四年冬（公元1556年）关中大地震的伤及，不得而知。那次大地震伤到的碑子很多，也很严重，但我在接触到的资料中，没有看到具体的情况说明，知道的一些名碑受伤于那次地震的情况，都是我问朋友的。

对于西安碑林的历史，明嘉靖年间的那次天灾和20世纪30年代的不平凡岁月，总能让我陷入深思，引发我许多的联想。西安碑林历经沧桑发展到今天，可谓是饱经磨难，苦痛重重。而每每在大的天灾人祸面前，我们这个民族为保护珍

◎唐 柳公权《玄秘塔碑》

贵的文化遗存所做出的种种努力，体现出的不屈精神，着实让人敬佩和感奋。

嘉靖三十四年的关中大地震有多大级别？不知道。但西安城里地裂泉涌，房屋有陷入地中，人死数万。想那碑林也一定是残垣断壁，狼藉一片。据史料记载，就在遭受了这几近灭顶之灾后的二三十年间，碑林有过几次的重建与整修，房屋清理后又重建起来了，碑子粘补后又竖立起来了。所谓把碑子立起来，意思可不是简单地竖起来，如我们知道的《开成石经》除损伤外，还折断四十石，人们就对“文义断阙者”参照各种版本的经书加以补刻，所补文字刻在96块113面小石上，嵌置于石经旁，共补刻了约5300字。想那五百年前，一个农业国度，经济不发达，国力不厚实，遭遇如此天灾，可以说是很伤元气的，很难想象，当政者是如何组织救灾，恢复正常生活的。而在不长的时间内，使得碑林又站立起来，今天的我们又能说些什么呢？

当你走进碑林一室，看到军阵般逶迤而去的《开成石经》通身被宽厚的角铁裹护着，心里一定很踏实很欣慰，这是20世纪30年代后期加固的。1937—1938年的碑林进行过近现代史上一次最大规模的整修，由国内第一流的文物专家黄文弼、张鹏一等主持，由第一流的建筑公司北平鸿兴公司承造，并听取亲临现场研究指导整修的梁思成先生的意见。这次整修对碑石的排序及陈列方式方法进行了更科学更合理的安排，照旧翻新，拆旧盖新，共建成陈列室八所，卷棚三所，碑廊六所，以及其他辅助性建筑，大致就是我们今天看到的西安碑林的格局。

这真的是一件不容易的事情。20世纪30年代后期，那是一个什么样的年代？外寇入侵，战乱频仍，人心惶惶，国无宁日。中条山、古潼关也许拖住了贼人的脚步，但贴着膏药旗的飞机一日数次在西京城的上空狂轰滥炸，还要进行工程建设，其艰难可想而知。战时还不忘保护国故，这中间固然有国民党陕籍元老于右任先生的努力，但还要感谢蒋公——当局最高领导，曾在莅临陕西期间亲往碑林视察，对这次大整修有过交代。

国难当头，文物自然也是命运多舛，就在碑林整修即将完工之时，中央古文物保管委员会按统一计划，已在布置西安碑林刻石的保护工作了。怎么保护可是个大问题，庞大的石经已在大整修中作了钢筋水泥的加固，挪动不得，其余大量的碑子是就地保护还是转运外地，都是让人头疼的事情。当然还有费用，也不会是个小数目字。他们先进行的是《开成石经》和魏碑墓志的防护，对石经土坯铺泥，两面夹实，再青砖砌严实。对墓志则在院内深埋两丈五尺于地下。唐碑石原是计划要转移到宝鸡一带秦岭山中的，但后来随着战事的推移，没有实施，同样是用土坯青砖防护，各展室的门窗也是用青砖砌严堵实。

天空中敌机说来就来，西安城里的人们有的到乡下投亲靠友，不能去的就躲在城墙内的防空洞里。而在文庙那个古老的院落，一群砌墙挖坑的人们显得那么孱弱无力，但就是他们用瘦削的肩膀扛起了民族的托付。当时负责整个防护工作的曹仲谦摸索日机轰炸规律，合理安排，耐心说服大家抢时间、争速度，尽早完成工作。当夫人催促他到长安县农村躲避的时候，

◎唐 柳公权 《玄秘塔碑》局部

他愤然拒绝："我受省府指派负责碑林防护工作，自应当视碑石安全如身家性命，岂有空领俸禄而临阵脱逃的道理？请勿复言'逃避'二字，言之，即与汝相决裂！"参加防护工作的人们为曹先生的精神所感动，流泪要求留下，加班加点，不计报酬，提前完成了工期。

碑林，一路坎坷与苦痛，一路不幸与有幸。

那些乘机陷害他的奸佞小人，终究还是臭狗屎一堆

“待到秋来九月八，我花开后百花杀，冲天香阵透长安，满城尽带黄金甲。”黄巢的平地响雷，使得统一的唐王朝瞬间崩盘，安定的社会局面成了昨日旧梦，朱温在汴州鸣锣开张，中国历史从此进入了半个多世纪的不消停之中。唐代令人感奋的书写也永远成为了过去。接下来的兵荒马乱中，笔墨顶多只能是唐的余续。

赵匡胤的陈桥黄袍，覆盖了所有的时代云烟，中国历史很快又进入了一个风平浪静、水面展阔的航程。在一个好天气里，是适宜书写的。

一个时代如果缺乏英雄，那个时代必然是苍白的，也是

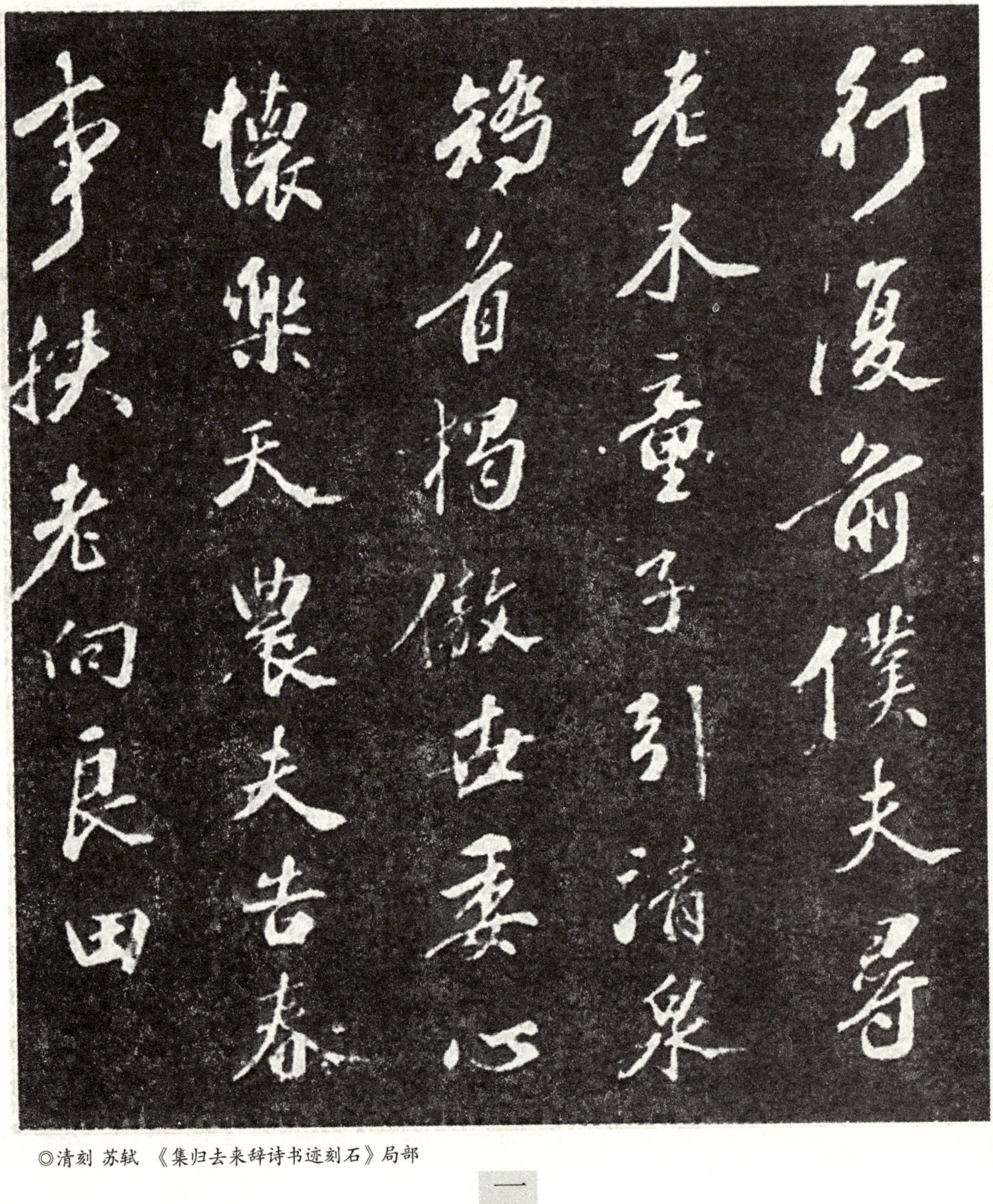

◎清刻 苏轼 《集归去来辞诗书迹刻石》局部

平淡的。政治如此，艺术也是一样。一如赵宋，建立了江山百余年，但书法还多在唐之书风的笼罩下。面对沉寂的局面，一个个皇帝老儿不免有些尴尬，也有些心急。宋代的科举以诗文取仕，并不看重门第出身，擅长诗文的士大夫参与政治，接近宫廷，并结成各种学派和松散的文艺团体，这种宽松的人文环境，有利于文人艺术家的脱颖而出。

宋代第六个皇帝神宗继位了，熙宁、元祐年间，苏东坡石破天惊，陡然出世。而且，有一便有二，黄庭坚、米芾等天才书家也紧随而至。苏轼无疑应该是中国艺术上的全才、通才，他不仅是伟大的书法家，更是伟大的文学家。他诗文绝代，文为唐宋八大家，词也开宋代豪放派之先河。正因为他有如此之高的才力和学力，从而能够高视古人，在完美的唐人法度面前，首举“尚意”之大旗，使得宋朝的书法耳目一新，也为中国书法开辟了一个新的境界。

苏轼一生，为我们留下了大量的诗文佳作，也为我们写出了许多的书法精品。西安碑林就保存一块《苏东坡真迹刻石》。作为一代大家的苏东坡，一生书法面目是不断变化的，相对于早期的《黄州寒食诗卷》《杜甫桤木诗卷》等书作，写这一幅书作时的苏轼，一扫其妩媚流美，代之以老到沉稳。这完全是一幅“无意于佳”的出乎自然之作，肥瘦相和、肉丰骨劲的用笔，似欹而正、似曲而直的结字，从而创造出一种疏纵跌宕、遒伟沉着的意境。可以看出，他书此帖时极力地收敛自我，将意趣纳入法度之中，绵里裹铁，藏巧于拙，表现出了过人的笔墨功夫，也充分地展现了苏书“老熊当道”“百兽畏伏”的雄壮气派。

每当我们浸淫在古代文化的滋润之中，我们应该对先贤们永怀感激之情，我们应该在心灵深处恭敬他们。苏轼为中国书法开启了一个时代，他的强烈的主体意识，影响和带动了一代书家，建立了超逸雄健的大宋书风。他无疑是中国文化的一面旗帜，但是，自古英雄多磨难，苏轼生平遭际，却让人唏嘘感叹，甚而会生出愤懑来。他的学识修养不仅魏晋唐，即便是宋以后的书家，再也没有人高过他。同样，他的人生遭际，他所经历的磨难，恐怕也是历代书家中鲜有的。他不仅于宫廷外郡，几进几出，四年之内，连换四任，而且一月之内即遭三次降职。不仅被发配至荒凉偏僻的“天涯海角”，又一夜之间被投入监狱，最后死在流放而归的路上。

“君门深九重，坟墓在万里”，“也拟哭穷途，死灰吹不起”。一代天才，遭此磨难，世人为之心寒。好在苍天有眼，因而艺术有幸，苏轼还是苏轼，那些乘机陷害他的奸佞小人，终究还是臭狗屎一堆。

书家的审美取向
真的不知会在哪里驻足

西安碑林里，黄庭坚的七言诗，刻在几块横扁方的石头上。其诗作描写了汉代长安城的盛世美景。而书法则是标准的黄氏行书，神闲意浓，俊逸超迈，相当精彩。笔法较之其名帖《松风阁诗》更加凝练，更加娴熟，也更加讲究。又比《经伏波神祠诗卷》更自如与自然。

苏轼与黄庭坚二者的字，人曾有“石压蛤蟆”与“长蛇挂树”之讥，这却在一定程度上准确地道出了两者的特点。见智见仁，由人评说，但要历史地去看，苏轼、黄庭坚却是宋四家中最不拘泥于古法，敢于创出新意，开一代书风的大师。“随人作计终后人，自成一家始逼真。”这正是他们艺

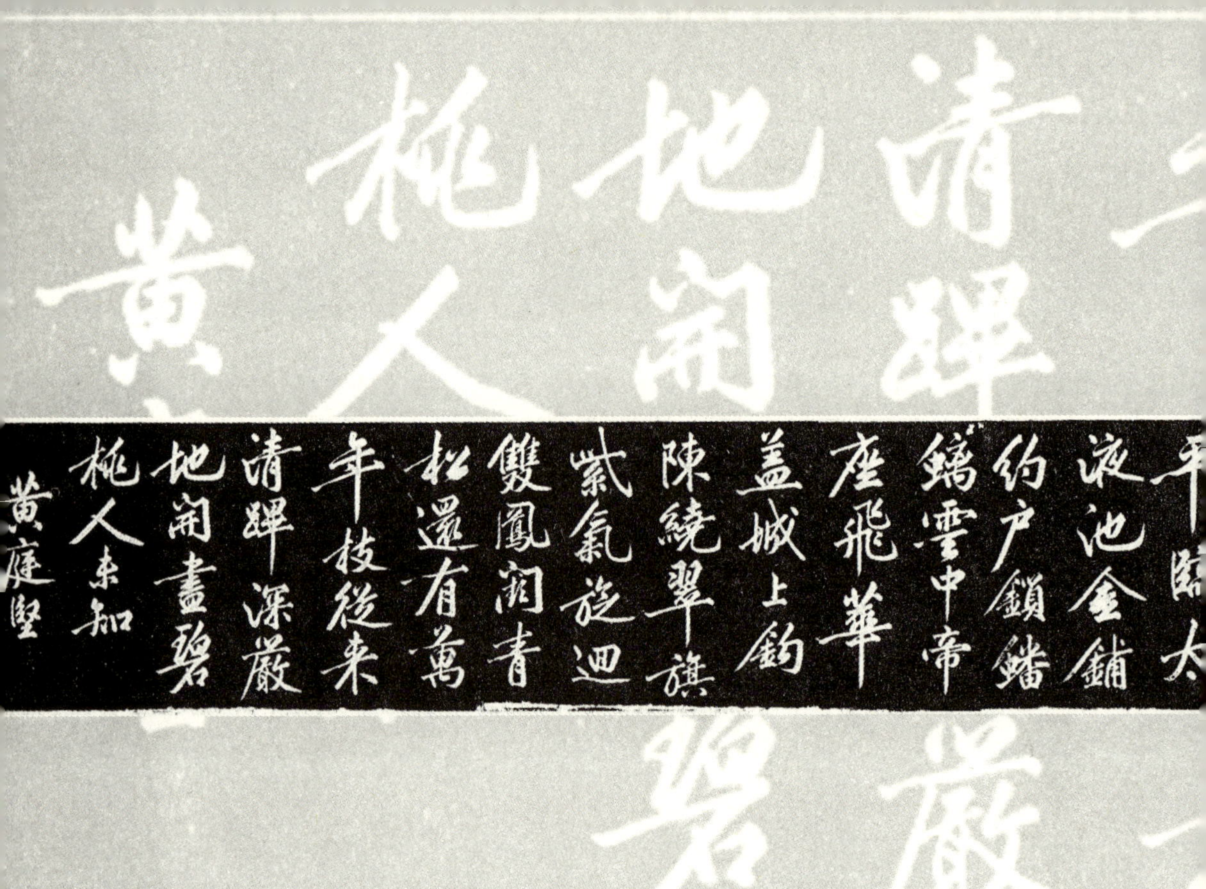

术思想的真实写照。在森严的盛唐法度与几乎被神化的“二王”体系面前，他们学古人而不愿寄古人篱下，黄庭坚更是敢于遗形取神，心中崇尚着天真烂漫无意求工，将书法进一步推向脱离实用，而抒情达意的纯艺术境地。

我们阅读黄书，逆锋涩行的线条，总给人一种险劲生辣的感觉，也总能让人联想起一些斑驳的刻石效果。事实上，黄庭坚真的对《大唐中兴颂》和《瘗鹤铭》产生过强烈的兴趣，并从中得到过重要的启示。不仅线条面目上如此，而结字原则更是如此。那中宫紧收四面放射，不就让我们隐约感到了《瘗鹤铭》的影子吗？书家的审美取向，真的不知会在哪里驻足。晋唐以来的行楷书，结字大都在方正之间，黄庭坚突破了这种惯有的做法，在稳定字心后，尽情地放纵线条，创造出了巨大的视觉空间，赋予了汉字书写奇异新美的视觉效果。我们常讲“计白当黑”，黄庭坚的探索成就，应该对我们有足够的启示。会留白，实际上就是知道怎样用

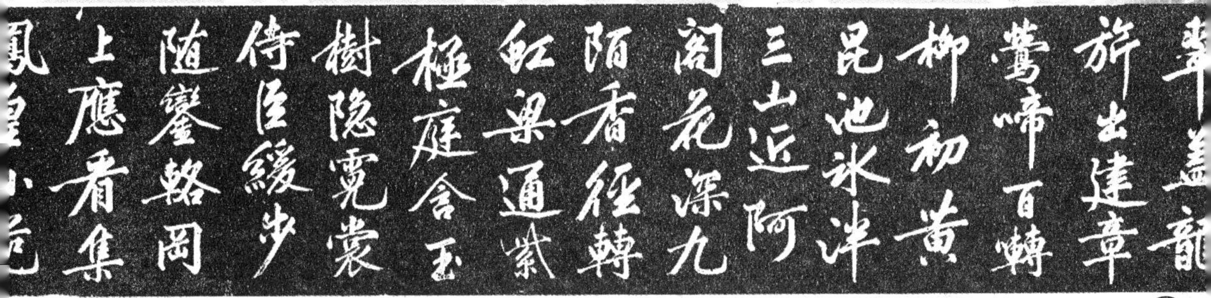

◎清刻　黄庭坚（款）诗刻石

墨，这一点，在草书的书写中似乎还好处理一些，但在行楷书上就艰难多了，这一点，黄庭坚是有突破的。历史上一切优秀的书家莫不如此，在遗古人之形的同时，造自己之面。当然，也有人把他的草字说成是“理性的草书”，这也不是没有道理。我们姑且可以把他理性的草书创作认为是对唐之张旭、怀素率意而为的一种反叛，但以理智和学养营造狂草的形式感，在一定程度上，是会抑制草书这种艺术形式的生机和冲击力的。看来，出乎自然的生成化育能力，是艺术所必需的啊。

而从道德思想上去看黄庭坚，也绝对堪称是中国古代知识分子的人格典范。中国文化的成分里，有伦理比生命还要贵重的一面，而在官场文化中，又要求有扭曲人格趋炎附势无比腐朽的一面，读书人行走其间，势必是置自己于险恶的境地。黄庭坚的人生命运也是如此，他一样屡遭贬黜，61岁即终老于发配之地宜州。他同样地把艺术品格与人的品格毫不迟疑地等同起来。坚持“学书需要胸中有道义，又广之以圣哲之学，书乃可贵”。又认为：“此书虽未及工，要是无秋毫俗气，盖其人胸中块磊，不随俗低昂，故能若是。今世人家字得古法而俗气可掬者，又何足贵哉！”他同时又是一位杰出的诗人，他的诗作直指社会的弊端，同情人民的疾苦。这种高尚的人格境界，使其艺术也具有了不俗的品质。

大浪淘沙，这些沉淀下来的圣贤之作，无一不让我们感佩。他们是可敬的，也是可爱的，他们在谨严固执的时候，又不自觉地流露出率真的一面，黄庭坚书作中的那种忘情，那种潇洒飘逸，也会突然让我们觉得，艺术这么有趣。

有一个人把从前用笔的各种技巧都能使唤，也是正常的事情

苏黄米蔡以及明人的刻字，在西安碑林是常拓不止的，这些拓片不仅要作为官方的应酬，还要用来赚些银两，大概是因为这些名家传世的法书量大，纸本原作又比较多。而这些刻石大都是清代的，有的还是依据拓片的翻刻，甚至有集字之说，像人们对宋代四条屏的书写形式提出的质疑也不是没有道理。所以你让碑林的人拓些颜柳及晋人，他坚决不会干。走进第四室，你看不到人影儿就听见“砰砰”的拓团声有轻有重，节奏分明，很是悦耳，很是诱人。这样也好，游客花不多的费用就可以满足自己的文化需求，大老远的总算不虚此行。

米芾的五言诗刻石就是一组现如今天天挨打的倒霉蛋。这组四条屏字也大，写得也敞亮，方正气派，中规中矩叫人喜欢。在宋代书画家中，米芾是一个激情四溢不可遏止的大才子，“米家云山”的独特画法，就结结实实地给文同等人上了一课，给中国水墨大写意画派拓开了不尽的源头。他的书法最具个性色彩，成就也最高的就是行书，挥洒自如，气势如虹，充满蓬勃的生机和力量，如《多景楼帖》《虹县帖》《研山铭帖》等。笔法丰富多变，节奏收放有度，结体纵横多姿，的确有“风樯阵马，沉着痛快”之感。米芾对中国书法的另一大贡献应该是他临摹的许多前人的名法帖。历史上法书的传承，临摹也是一个主要手段，像我们今天看到的“二王”的那些纸本，基本上都是唐人勾摹的。直接的临写也有，但临写基本功要绝对过关，米芾就可以。他对唐的颜、欧、褚等诸家下过很深的功夫，又上溯晋人，特别追慕王献之。因此，今存的《中秋帖》，现代都认定是米芾的临本。临与摹两种方法各有优长，临的字气息要连贯一些，而摹是要覆在真迹上描或双勾后填充，这样，则更能准确地传达原作的面目。

米芾手腕上有过人的传统功夫，那也是练

◎清刻 米芾（款）《四条屏刻石》

出来的，尽管他才情了得。他说过自己“一日不书，便觉思涩，想古人未尝片刻废书也”。可见用功之勤。一天不练自己知道，两天不练同行知道，三天不练老百姓都知道的这些大白话，我想大概就是从老米的文言文里延伸出来的。下过了苦功，练就了本事，就开始放狠话了：颜、虞、褚、柳都是一笔写出来的，字的架子都是刻意摆出来的，这就把唐人的书写给撂过去了。对“二王”书作也呼之为“恶札”，对本朝大家也逐一评判：黄庭坚描字，苏轼画字。的确有点儿吃谁砸谁，目空一切的味道。也许这正是米芾胆识的过人之处，他已经站在了一个高度上，他把前人已经研读透了，对同时代的人也一样知道他们的所长，更知道他们的所短，他要建立自己的高楼大厦。的确，米芾很快就写出了自己的风格。而且应该说，宋代书风的形成，米芾是有贡献的，他的狂放不羁，其实是包含着极大的理性成分，是建立在实事求是基础上的。大凡这样的人物，你绝对不可小看，那真的是，“我行，我不是一般人”。客观地讲，米芾笔法的丰富程度超出了他以前的任何人，这当然也是时代条件所决定的，汉字书写发展了千余年，有一个人把从前用笔的各种技巧都能使唤，也是正常的事情，武功上还有十八般武艺样样精通之人呢。

揣摩人会有助于联想他的字

西安碑林还真的有蔡京的刻字，这个碑林现藏一通宋徽宗赵佶撰文，并用“瘦金体”书丹的《大观圣作碑》。其碑额的“大观圣作之碑”六个楷书字即是蔡京的笔迹，从其书写看，功力非同一般，但苏黄米蔡的蔡并不是指的他，而是指的蔡襄，原因不讲自明。

于蔡襄，我在展览中见到过他的真迹。因要照顾年迈的母亲，蔡襄请求回家乡任职，到福州后给友人写了一纸信札，这便是他的《持书帖》。与友人的书信，免不了讲一些家常话，说一些细小的生活琐事，如不能吃山羊肉，觉涩而无味，要吃最多也不过二三两罢了，食鱼鳖又会腹疾。欣赏

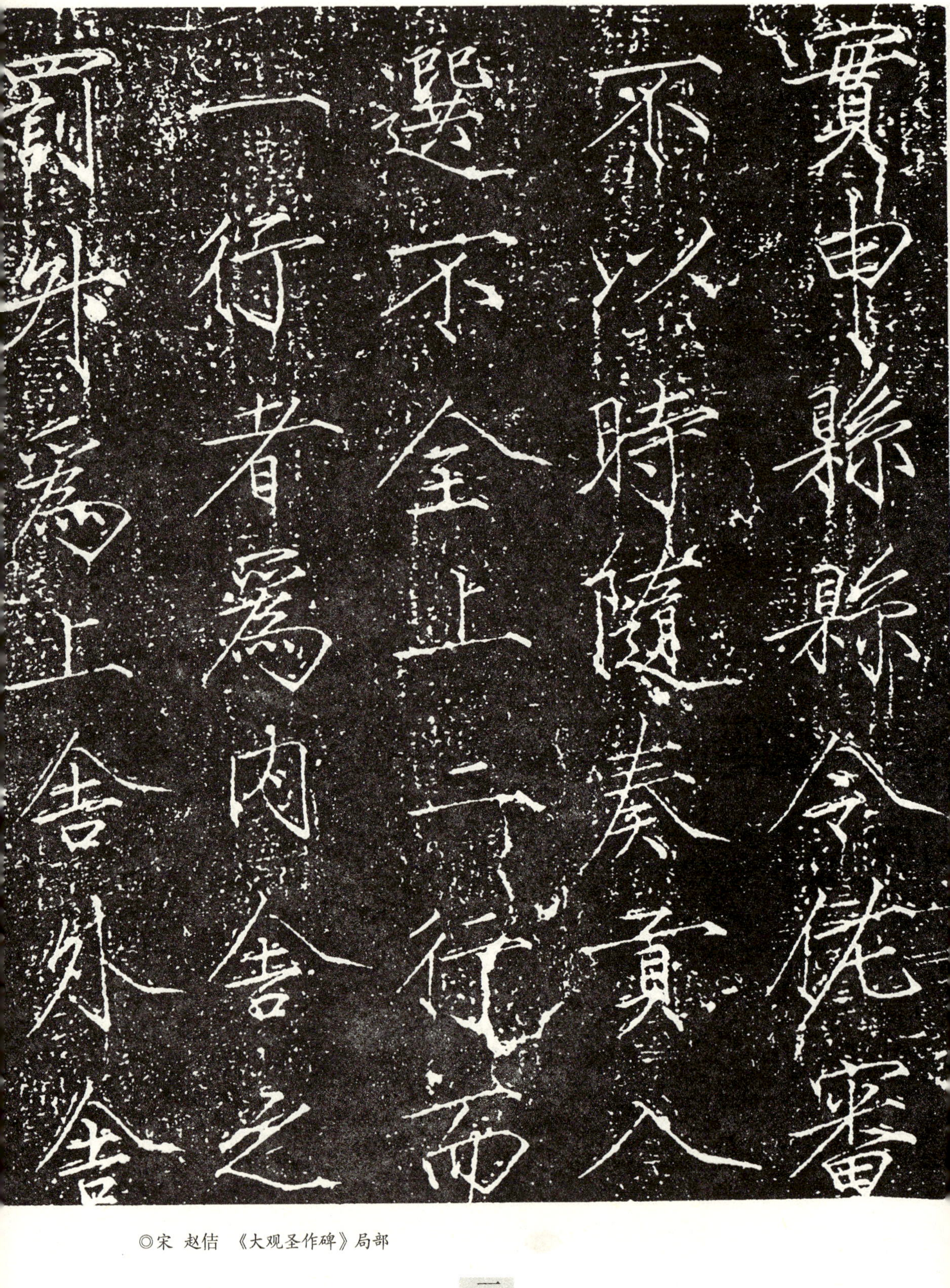

◎宋 赵佶 《大观圣作碑》局部

清丽雅致的书法之余，玩味文字，一个端庄持重的封建官吏笔下流露出的浓浓人情味，让人觉得甚是可爱。揣摩人会有助于联想他的字。

而读蔡襄书法，常常让我想到一些问题。论及开一代新风的宋人书法，总有人将蔡襄与苏、黄、米三家并称为“尚意”创新的代表性人物，其实，似有不妥。从书写的成就和影响来讲，蔡襄是可以站到宋四家中的，但从书法风格上来讲，他似不应是尚意派的代表。

苏黄米蔡宋四家，唯有蔡襄与前三人生活在不同的时期，以年龄辈分论，蔡要早于他们三人。以政治生涯论，当蔡襄与苏轼的老师欧阳修在朝中因直谏而同患难的时候，苏轼才刚刚出生。宋朝上半叶的书法，还尚在李建中、苏舜钦等人相继努力下，极力挣脱着唐人书法的束缚。而此时的蔡襄也身处这股大潮之中，加之他的性情，他对法度还是竭力维护，并竭力践行的。他在当时极有书名，众体皆备，但从他传世的三十多件墨迹和几十块碑刻来看，其书艺成就最高的当是楷书和行书。相对于苏黄米而言，蔡的小楷尤能贯绝，颇具钟王神韵。而纵观大宋一朝，追求个性崇尚自由灵性的文人士大夫，大多在掌握了谨严端正的楷书后，而致力于自然流畅的行草书，故能写一笔精妙小楷者，实为罕见。

“诗不能尽，溢而为书。”作为杰出的一代诗才，苏轼、黄庭坚虽一生也在宦海沉浮，但从本质上讲，仍是怀揣一个虚幻的梦想，胸中燃烧着火一样激情的诗人，忧国忧民积极参与政治和渴望逃避向往田园的两面性，决定了他们在从事艺术的活动中，很自然地会把抒发个人感情，表达心中的向往体现出来，“技”只有进乎于“道”，“尚意”才成为一种必然。而蔡一生为官，行为端严，尽管他也时时有正直的人难以排解的忧虑，但总在步步高升，不似苏黄跌宕多舛的命运。晚年皇太后听政，蔡意识到她对自己有猜忌之心，遂请出知杭州。深知进退之道的理智，对于从政的人来说，是不可或缺的，但对于艺术，或许一意孤行不计后果，最终是得宜的。理性的蔡襄或许只能是理性的蔡襄。

◎宋 赵佶 《大观圣作碑》之蔡京题额

也许是出于为官的谨严，也许是出于性情的谦和，我们绝少读到蔡襄对于书法所发表的议论。但从他的习书过程来看，一生中都在对古法保持着敬重，由唐之诸家上溯“二王”，永不停步。而他在每个时期对过往的每个书家发生着的兴趣，则都在他传世的书作中有相对应的映现。当然，他写的颜、褚、虞，也多多少少已不是唐人的壁垒森严，毕竟，整个宋朝的时空下，风已显得自由，阳光也松散了许多。姑且把他列为尚意派，也可。

即使如此，我们中国书法也不能忘记他的努力

许是西安碑林的匠心与美意，大宋一朝诸多大家的书迹，千年之后在这小小的展厅来了个美好的约会，苏轼、黄庭坚、米芾等，一个个风采夺人。对于热爱中国传统文化的人们而言，这都是让人耳熟能详、心驰神往的人物。中国历史的走向在惜别了盛唐之后，立刻开始了一个同样让人富于想象的大宋，而苏黄米这些杰出的才人们，竟在一个不长的时间段内，各自奋力地发光放热，共同创造出了中国历史文化上的一个灿烂与辉煌的时代。于是，我们还应该给那个时期的政治天空投去一些敬意，他们给予了中国社会较长时期的安定与发展，也给予了士大夫们更多的宽厚与舒心。

整体上看，北宋文人士大夫的社会地位和物质精神都要高人一等，他们在自由的天地里，有了充裕的精力和时间，来专注于他们喜欢的艺术。苏轼、黄庭坚、米芾大量行世的书作已为我们所熟悉，也完全可以看出宋人在这方面的努力，他们反映出了那个时代一些共同的艺术倾向。宽博而有高度的宋人，为书法的健康发展注入了新鲜的生命因子，他们丰富了书法艺术的语言。

就在唐人一心想着创立新的写法的时候，在宋人尽情地抒发文人士大夫心灵意趣的时候，有一个人总觉得汉字的书写离传统越来越远了，这就是元时的赵孟頫。于是，他身体力行，竭力倡导“二王”书写，矫正时下距离传统渐行渐远的书风。艺术上的宗法传统与政治上的复古倒退有着本质上的区别，就像袁世凯的称帝和我们文化上的尊孔，不能相提并论一样。历史地看，我们对赵孟頫向晋人古法的呼唤和复归，应给予充分的肯定。假如没有他的努力，今天的汉字书写也不知是怎样的一个面目和流向，我们是否还能清晰地认识钟王的书写，都成了一个问题。

颜柳欧赵楷书四大家中，赵是占一家的。而我们在面对赵体的时候，总觉得个性面目不大突出，甚至会有一般性书写的感觉。赵对古法的倡导是终其一生不遗余力的，在艺术的前期，他以羲、献为宗，“不杂近体”，到五十岁以后，已熟谙“二王”笔法，却仍在“上师古人”。我们现在看到的赵孟頫诸作，情绪也会有所不同，但总体风格是一致的。我们是不是可以这样假设，为了达到他心中的远大目标，他

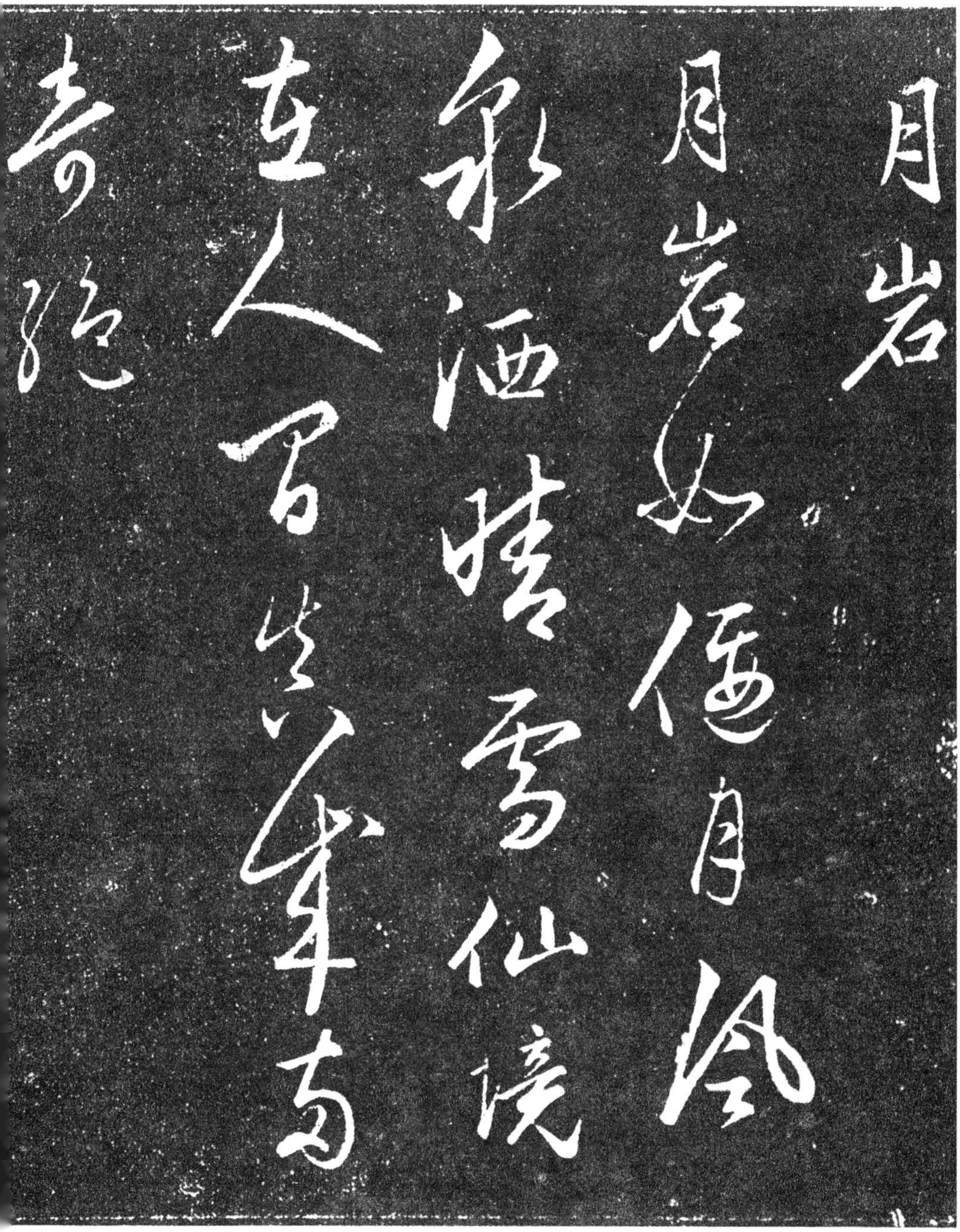

◎清刻　赵孟頫(款)《游天冠山诗刻石》局部

始终在压抑着自己的才情，要让自己在书写实践上给人做出个样子来。于是，整个的书写都在传统的规矩内，根本就没想过离经叛道，标新立异。其实，赵孟頫是个极有个性的大才，他的诗文奇纵无常，不落凡尘，表现出了缥缈无涯的至纯境界。他的音乐理论也新意迭出，得律吕不传之妙。试想，以他的才力和对古法帖下笔不二的功力，若致力于书写的创新，怎么能没有一个与众不同的面目出现呢？假如是这样，那他付出的代价可真的是太大了。他热了那么短短的一个时期，将来呢？也许永远都可能是不温不火了。即使如此，我们中国书法也不能忘记他的努力。

在西安碑林第六室，存藏有赵孟頫的《游天冠山诗刻石》一通，标准的赵体行草书，运笔流利，转折分明。诗写他游江西天冠山时的情景和感受。这通碑子是清中晚期摹刻的，并附有文征明作的跋。

走入他们的线条，那也不是一件容易的事情

西安碑林存藏有一通明代祝允明书写的碑子，刻于明弘治五年（公元1492年），这一年祝允明才三十二岁。而这一年也正是祝允明比较顺意的一年，他在乡试中考中举人，再后就屡考进士不中了。这通他早期书写的碑子不似他成熟期作品，笔力有些臃肿，转折顿挫不显豁，也不够分明。较之他的草书代表作《前后赤壁赋》《唐人诗卷》之类，艺术水平要逊色很多。中年以前的祝允明习书的重心还是在传统功夫的临习上，没有真正地放开去写，草书的风格也没有形成，但从这幅书作中，可以大致看出其草书的体势。

明中期的唐寅、祝允明、文征明这几位江南籍的优秀书

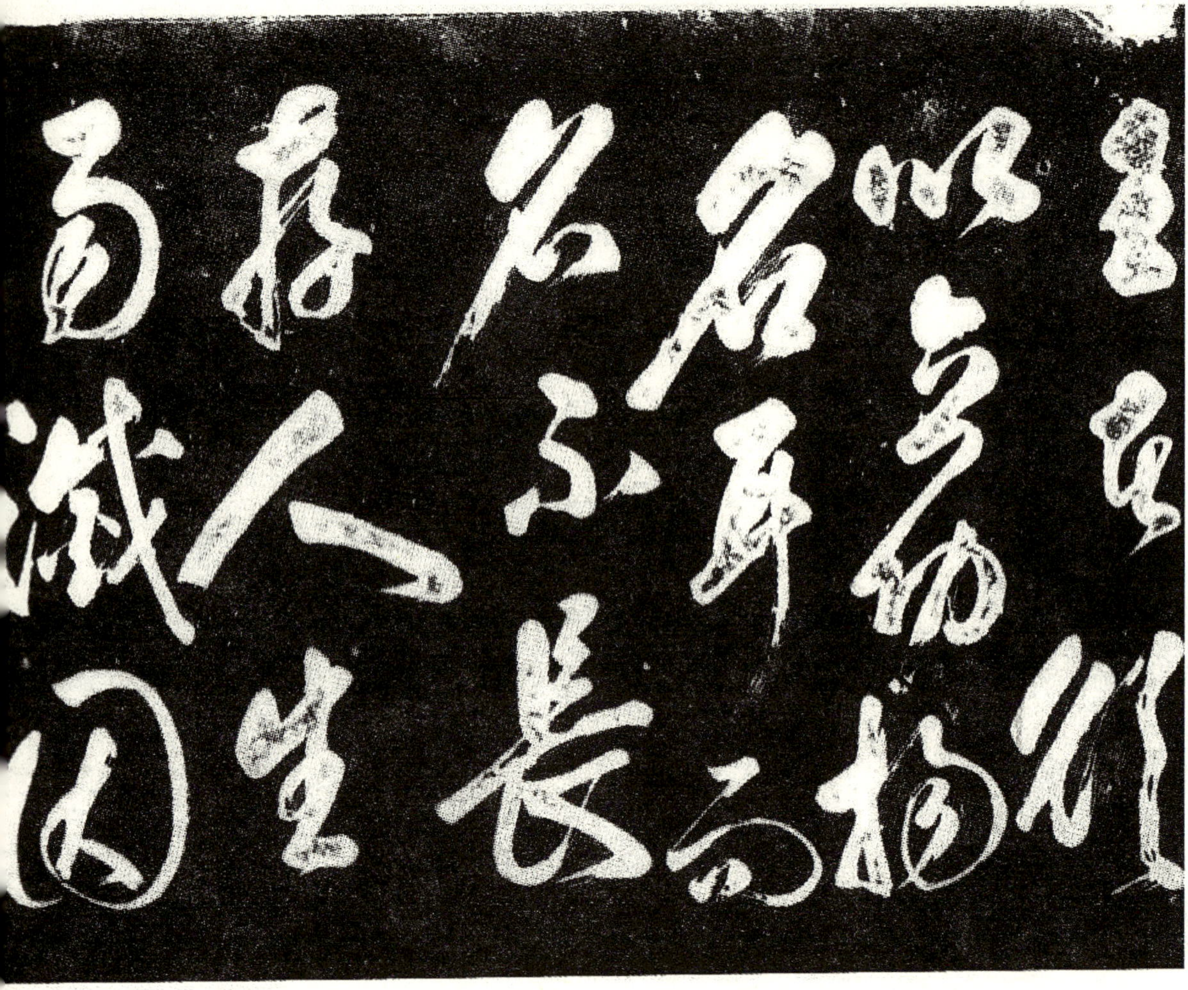

◎明 祝允明《乐志论刻石》局部

画家，人们多称之为“吴中三子”。在明清章回小说作者的极力渲染和鼓噪下，“吴中三子”们的身上都有着一份神奇的色彩。在文人墨客们雅聚时的喧嚷中，在平民百姓茶余饭后的时时提及里，祝允明绝对是一个与唐寅形影不离的人物。他因右手拇指旁增生一个小指，所以自号“枝山”，又号“枝指生”。从他诙谐自嘲般的别号里，不难看出他玩世不恭的处世态度，但他的风流韵事精彩不及唐寅，因此，他的俗名往往让人觉得没有唐伯虎的大。其实，就书法而言，祝允明当是最具探索精神，艺术成就也最高。

与唐寅、文征明比起来，祝允明出身于书香门第。外祖

父徐有贞官至玉华盖殿大学士，是明初有名的书法家。同时，他又是楷书高手李应祯的贤婿，早年的书法就是宗这二位长辈的。一个名门子弟显然只有读书做官才是正道，但考取不了进士就当不了官。生性豪放不羁的祝允明绝对是咽不下这口气的，进而对世俗礼法产生了一种强烈的反抗。好在他有一个与文化渊源有自的家庭，心灵的沃土里早已深深埋下了艺术的种子。他还有一帮命运相似又情投意合的朋友，常常在春风骀荡秋水宜人的时候，与他们诗词往来，聚首谈艺，当然他还爱美酒，爱美人。

祝允明生活在明朝的中期，源远流长的书法艺术，到了这个时候，早已诸体皆备，并由历代大家们将它们推到了一个几乎完美的地步。面对真草隶篆繁花似锦美不胜收的景象，祝允明们或许有过感叹，或许也有过诅咒，怨先人们留给自己创造的空间太小。但在几番苦恼、几番思索之后，祝允明还是要往前走的，他觉得不能拜倒在大家们的脚下，而应该站在他们的肩上。他要用十倍的精力，登上这些高峰，一览群山春色，再堆起一座风光更好也更险的峰。

而要做到这一点，绝不是一件轻松的事情。你要进入书体不同、风格迥异的书家们的内心世界，走入他们的线条，那也不是一件容易的事情，甚至可以说，对你的天赋才情是一种考验。但祝允明做到了，他可以在朋友的邀约下背临九家书体，形神兼备，令朋友们叹为观止。而从他传世的《六体诗卷》中，我们便不难看出他“妙兼诸家”“无所不诣”的承继功夫。祝允明是一位个性极强的人，却能在一个相当长的时期，虔诚地学习前人，而且学得很好。可以说，他不是在克制自己，而是真心实意自觉自愿去这样做的，他是深谙书法其理的。站得高了，拥有的多了，就会达到一种自由的境界。细心去探究祝允明，你便会感到，他处处都能表现出一种大家气度。

祝允明赶上了朝露打湿的头班车

最初接触祝允明草书是他那件很有名的《前后赤壁赋》，限于当时的认识水平，不仅仅是对这一件书作，而是对此类风格书作的整个理解，都认为它们是漫不经心，玩世不恭，甚至是自暴自弃的率意涂抹。以后当然是慢慢地喜欢上了它们，也更多地看到了祝允明的诸如《唐人诗卷》之类的书写。这些书作激情四射超逸豪迈，可谓是出神入化不可端倪的佳构。我深深感到了祝允明的高度，这样的风格不仅一般人写不出来，学起来都难。

一个有远大目标的艺术家，是要用他整个的生命来塑造自己的，对书法艺术的追寻，不同时期的不同面目，映现着他努力探索的艰辛历程。而就祝允明而言，他的性情和人生经历，注定了草书与他有缘，事实上他于草书也用功最勤，可以说，一生大都沉醉于草书的探索之中。他有着一腔的豪气，有着不可遏制的激情，又有着精熟的书写功力，恣肆中存精微，汪洋中见雅致。他有时的书写完全是不假思索，靠着一种艺术的直觉率意而为，辗转腾挪，翻绞提按，肆意挥洒。有时很难看出分行，完全是一片散乱的铺排，变化之奇，让人赞叹不止。他的天分和努力，不仅使他成为了明代草书艺术最高成就的代表，更重要的意义还在于，他实际上直接开启了明中期至清初的恣意狂放的浪漫主义先河，以致陈道复、徐渭、倪元璐、黄道周，最后到王铎戛然而止，他们写就了一曲热情奔放，狂涛四起，令人心驰神往的华美乐章。

实际上，我们每每提及行草书，总让我们动情的便是这一段起伏跌宕的历史，书写元素的不断拓展和尺幅的放任，都是对旧有的草书秩序的一种无情反叛。这种一定要有别于前人的胆识和信念，构成了祝枝山们创新的原动力。于是，他们在彻底地弄明白了前人之后，大胆突破，推动着草书艺术又达到了一个新的高度。这又与当年的张旭、怀素们何其相似。而且从精神层面来讲，这些行草书的代表人物在精神实质上也都是极靠近先贤的。

从祝允明到王铎，草书艺术完整地近乎完美。祝允明一个华丽的高音，给了这个乐章一个不俗的起始，使得他不知不觉在“吴中三子”中，也似乎有了不同寻常的分量。同时，也获得了“明朝第一”的美誉。“吴中三子”多是从他们生活在同一时期，同一地区，甚至过从甚密的关系来讲的，并不是艺术风格的界定。他们之间才力、性情、学养、审美趣味等诸多方面存在着很多的差异。譬如，与唐寅、祝允明的风流狂放，擅长行草书不同，文征明幼年失怙，寄人篱下的经历，使得他内向柔弱，小心严谨。又由于他有着翰林院待诏的经历，工整的楷书就比较出色。类似所谓的艺术观念、风格取向等问题，不知当时的他们有过讨论没有，但他们绝对是深知“违而不犯，和而不同”的。当然，艺术上趋于平和的唐寅和文征明，也同样在倾向上表现出了一些求变的精神。他们毕竟都生活在旧有的价值秩序、统治秩序受到质疑，文人士大夫普遍要求个性解放的同一个时代里。又因为他们都有着屡试不第大致相同的身世经历。

文征明致力于楷书，也敢于冲破“台阁体”的束缚，适度地注入了一些疏朗潇散的新意。

不管自觉不自觉，愿意不愿意，祝允明都赶上了朝露打湿的头班车，抵达了一个艺术上的峰巅，不知他内心是否感到了高处不胜寒。他人脉很旺，有很多圈外很世俗的朋友，也算是一个幸福的人儿吧。

眼前有一片澄明辽远的感觉

清代康熙年间的一位陕西布政使看到碑林没有董其昌的行草书，就把自己家中所藏拿出上石，这就是我们今天看到的董其昌书《秣陵旅舍送章生诗刻石》。昔日的过稿上石是会对原作有很大损伤的。

董其昌的这通刻石为行草书，诗作记述了他在山会阴稽与人别离的情形。董其昌没有到西北做过官，但他却到过长安城，而且在长安还见到了宋米芾的名帖《蜀素帖》摹本，促使他产生了许多的感受，开始用审视的眼光思考自己宗法的颜体，书风也因此有了一些变化，笔下的字势有了欹侧。这相对于他以往的端正，平添了许多的姿态和风韵，也平添了几分秀色。当然，这也就是一个时期的事情，最终他还是归到他的方正宽绰之间。

董其昌讲过许多攻击元赵孟𫖯的话，譬如讲临习古人，他得十之七，赵仅得十之一，还说若要严肃起来写字，赵根本不是对手，等等，似乎没把赵孟𫖯放在眼里。

其实，他们之间是有联系的，他们的联系就是都主张对古法的回归。从赵孟𫖯开始，到文征明，再到董其昌，他们应该是元明之际书法发展进程中的另一条线，他们在艺术的实质

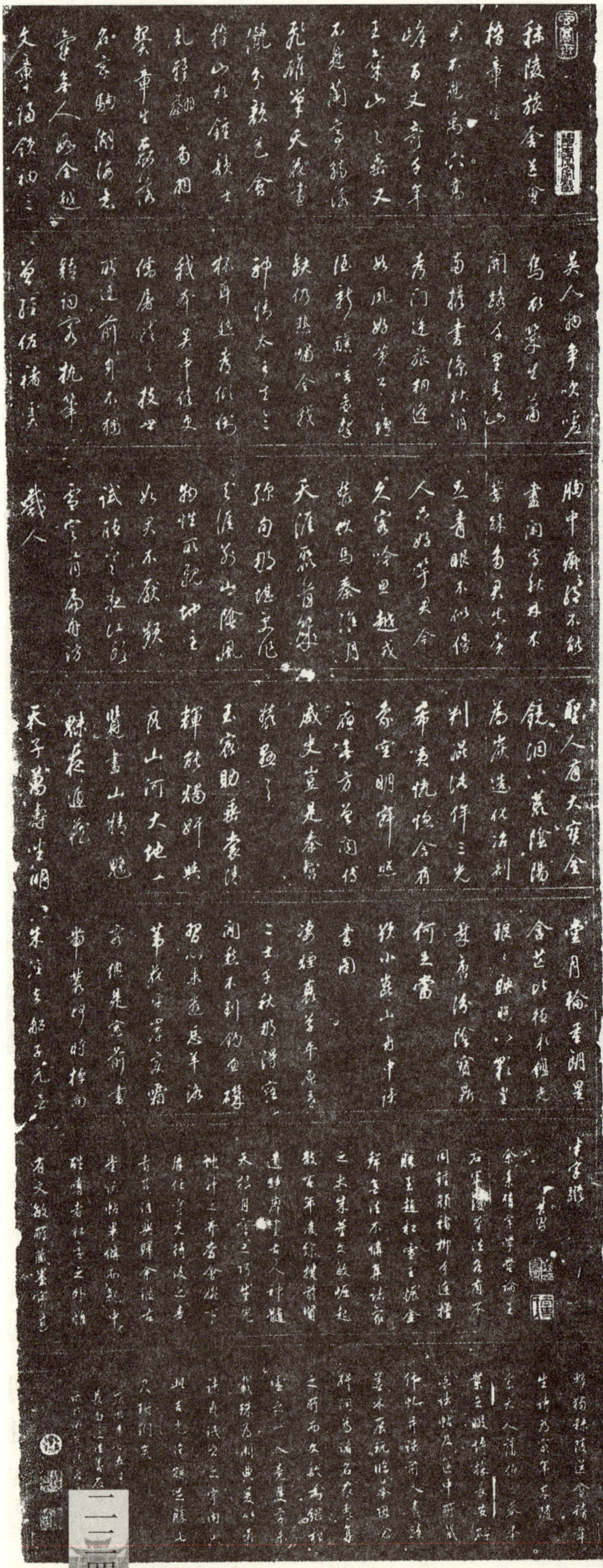

◎清刻　董其昌《秣陵旅舍送章生诗刻石》

◎清刻　董其昌《秣陵旅舍送章生诗刻石》局部

上，可以说，是一脉相承的关系。而且到了董其昌的时候，他能将对书法的追求与明朝的社会文化精神相结合，他的笔下，从而少了些贵族士大夫的冷峻与孤高，多了些平民化的寻常与平和，为古老的书法注入了新的生机，使得书法在明代又有了新的意蕴。

对于晋唐之法回溯的精神实质相同，但各自承继的方法和书风书貌却未必一致。董其昌在这方面能审时度势，以他的独特审美眼光去取舍。他并不注重那些激越跌宕、厚重稚拙的书作，而欣赏的多是精巧秀丽、流畅柔和之美。他认为，这种平淡中和更能体现出晋人书法的本质。即就是学习颜唐也能避开其浑朴雍容，借鉴米芾也几乎找不到凌厉与率意，甚至没有受到明中期的那些激情奔放的才子们的影响，他的书法表现出的是不激不厉，笔笔稳健，一派端正秀丽，雅逸超脱，宁静安详的气度。

阅读中国书法，似乎从董其昌开始墨色浓淡的变化才那么分明，这与他的画家身份是分不开的。中国画讲究墨分五色，有层次之妙，他把中国画的画法画理运用到书法的书写中，收到了很好的效果。而在章法上，他从五代扬凝式的《韭花帖》中彻底悟出道理，并在行草书及不同的书写形式上发挥和运用。观其书作，会让人眼前有一片澄明辽远的感觉，他的字距之疏朗，行距之宽阔，让人感到白多于黑。幅面之上寥寥几字也是潇散沉稳，一派静穆，绝无张扬之势。再加上他淡雅的用墨，的确有百般风情万种风韵。

这与祝允明、徐渭的乱石铺街不同，与赵孟頫的行间茂密有别。读他的字，会让我们不知不觉地喜欢上大明那份闲雅宽阔，也会情不自禁地爱上江南的青山秀水，那是一种艺术上的境界，又何尝不是人生的一种自由？

他们的笔墨写出了一个时代的精神

西安碑林另存藏一块董其昌的书法刻石《徐翼所公家训》。这块刻石上稍有行意的楷字在董其昌的书写里，算得上是上乘作品，较之他的许多应酬书写，这幅字书写严谨，态度认真。

我的确听到过有论者称，中国书法如唐诗宋词一样，是一门过去的艺术。也有不少的书家言，中国书法诸体皆臻善，诸法皆完备，留给后人的空间很小很小，书法艺术该如何发展?

粗略想来，这些议论与感叹，似乎不是没有道理。中国古老的书法与“之乎者也”的《四书》《五经》相伴相生，而白话文的使用，一个产生于西方幽灵般的主义已覆盖了华夏大地，20世纪尤其是中后期的中国书法这门传统的艺术行走得又何其艰难。而逢改革开放新时期，书法重获生机，其热潮至今不曾退温，这似乎是值得人们欣喜的事情。但这种经久不息的狂热以至狂躁的情绪，又显然是建立在一个幼稚甚至脆弱的文化基础之上。对当下操持书法者的艺术态度，以及他们的书法实践稍加分析，就不难理解实际是人的经历，以及所受的教育决定了他们所制造的一切。更何况，社会分工的过度细化，从艺者单一的文化形象，一元的文化结构都是让人十分忧虑的事情。书法如此，当下的其他艺术门类亦然。只不过是它情形更甚，也更具代表性。

因此，在这种艺术背景下，重读经典，应该是一种意味深长耐人思索的事情。它是一种实实在在的回归，也是一种拒绝，它能帮助我们进一步地认清现实，沿着传统的健康的道路走得更远。

任何一个朝代，一个时期都会遇到如何卸去包袱，走出前人的辉煌，创造新的历史这样的问题。譬如宋人，在它们之前，晋唐早已把楷草的诸法都建设完备了，但他们并没有退却，而是自觉地把审美理想体现在书法中，找到了属于他们那个时代的书写体式，形成了别开生面的一代“尚意”书法。这就又给后来的明人提出了一个新的课题，为他们的超越增加了一层困难。但是，祝允明、文征明、董其昌们也非等闲之辈，在他们不懈的努力下，这些似乎是不小的问题都得到了解决。董其昌回首书史，提出著名的“晋人尚韵，唐

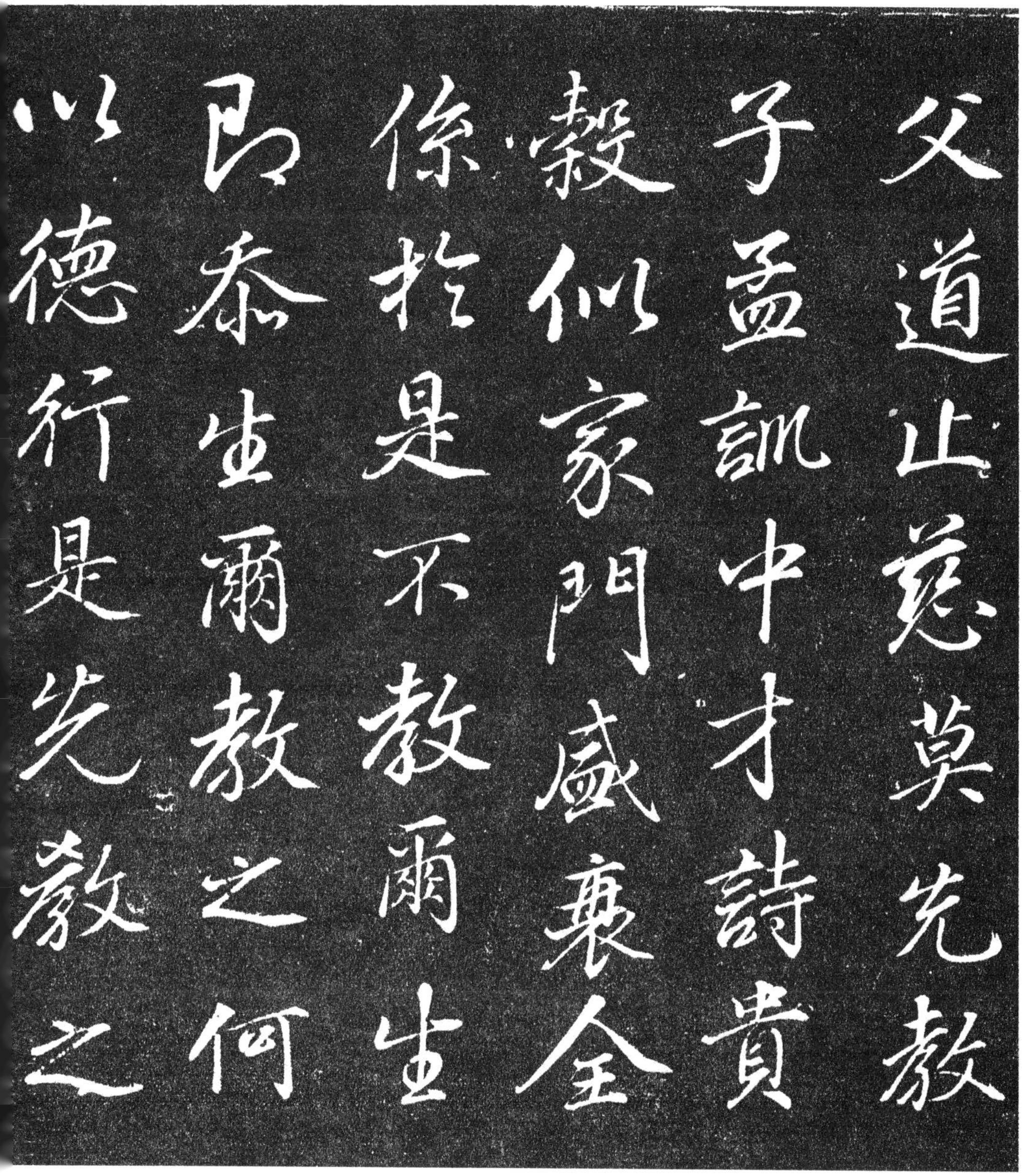

◎明　董其昌《徐翼所公家训刻石》局部

人尚法，宋人尚意”的观点。也可以看作是明人的一种总结，更是一种思考：明人尚什么？这是他们从理论的高度为自己确立的一种风格追求。

前人是值得我们尊重的，所有的高度也不应该是一种阻碍，而是一种参照，用它可丈量自己，激励自己，他们所有的得失可以为我所用。时代为明人提出了严肃的课题，又为他们提供了解决这些难题的条件，他们一起做出了努力，恰恰使得明代成了草书的集大成时期。纵观历史上每一个朝代的书家们，无不是倾其全部的心智，倾其一生的努力来深深热爱着书法艺术的。他们写尽百家，不断地调整自己，不停止地表现着自己的艺术思考，不停止地展现着自己的艺术才华。他们追求着，他们变化着，他们的笔墨写出了一个时代的精神，也完成了一个艺术上的大我。

期待长远，我们对书法的未来发展应有足够的信心，我们的国家在日益融入世界发展的大潮流中，外来的文化为我们送来了诸多有益的滋养，而我们民族的文化也在日渐强劲地影响着他们。研究西方的美学从建筑开始，研究东方的美学从中国的书法开始，就我们中国当下的艺术门类而言，似乎都与古老的书法有着某种联系，基于这一点，也许世界艺术的发展对我们民族书法艺术的传统与精神，以及未来有着更多的期待。

他说，这也是对古人书法的一种心追手摹

城之南，是东西走向的巍巍秦岭，城之北，是八百里坦阔的关中大地。浩浩渭水缱绻，城沉静而安稳，岁月不驻脚。

自公元1087年，长安的文人学者、有识之士将第一批碑石移入“府学之北墉”，碑林已走过了近千年的历史。经历代先贤的悉心搜集和保护，今日的碑林已拥有数千方藏石，成为了名副其实的碑石之林，书艺宝库。在当下无风无浪的日子里，碑林还在使住劲发展着。听朋友说，他们去年收购的墓志是用汽车往回拉的。前年，在城南发现的唐代著名诗人韦应物家族墓的几块墓志，就被碑林收购，去年还在石刻展室举办了特展。其中，有一块书体谨严而有潇散意味的墓

◎碑子就是这样刻出来的

志是韦应物书写的，人们有幸见识了这位写出“春潮带雨晚来急，野渡无人舟自横”名句的盛唐诗人的书法。碑林的后院，朋友陪我去过，保存的碑石像书本一样一排排竖立着。我还知道碑林办公楼的地下室是一个大库房，储藏着大量的未展出的碑石，我想，我会有机会一睹其壮观阵容的。

古老的长安城拥有一座浩大的碑林，是一件顺理成章的事情。就在城东，半坡与姜寨两个古文化遗址出土的陶器上，先民们曾刻画出了富于幻想的原始字形。城西，西周青铜器的大批出土，向世人展现了我国古文字的夺目光彩。秦汉时期的各种书写，还是以这座城的周围发现最众。以后的碑石，更是在这片丰腴厚实的土地上不停地生长，多姿多彩，蔚成气象。站在这块多情的土地上看碑林，或者站在碑林的深厚院落里看这片土地，一部蜿蜒流过的中国书法史依稀可辨。周秦汉唐的昨日，为我们留下了一部卷帙浩繁的文化典籍，让我们读不尽，用不完。

窗外，早已是鸟语花香、春光无限了，碑林那个整齐洁净的院落，也该是又一番春的风情、春的景致了吧。碑林的朋友来电话了，饶有兴致地告诉我，他刚接待了一位来自河南的碑版收藏家，五十开外，很有个性。收藏拓片几十年，可以为得到一张拓片忍饥挨饿，省下饭费甚至借钱购买，见识也极高。我问他们主要谈了些什么，朋友说主要谈了几个概念。那位收藏家说现在所讲的“乌金拓”不是以前的“乌金拓”，而只能叫“浓墨拓”。民国的时候有一种“银珠露”，在打最后一遍的时候抹一层，打出的效果乌黑发亮，这叫“乌金拓”。现在所说的“蝉翼拓”也不是古人所说的“蝉翼拓”，而只能叫“淡墨拓”。真正的“蝉翼拓”是安徽的扎花纸和李廷珪墨打出来的，不是薄，而是很透光。他还谈到拓工，说不懂得中国墨、中国纸的拓工不是好拓工，现在的拓工为求速度，一个碑三两遍就拓成了，这种“急就章”是商品，不是艺术品。真正的好拓工用的是腕力，打下去是一片，不见黑圈。整张拓片收藏要淡墨，制作裱本收藏要浓墨。道理很简单，如今纸张很脆，墨胶大，浓墨拓容易折断，剪裱本不存在问题，浓墨也好看。还讲到他到农村去访拓片，经常碰上腰扎麻绳的老汉，掏出剪裱本的《玄秘塔碑》说，我是学《玄秘塔》的。掏出《多宝塔碑》的剪裱本说，我是学《多宝塔》的，他们一辈子都在写一个帖子。是啊，唐宋文人中间，拓片是第一古玩，而今的拓片在读书人中，热度显然还不够。

◎拓片就是这样打出来的

我真的想看看碑林了，看看我去年秋天结识的新朋友、碑林的刻工景一泉君。我想去和他交谈，去看他俯在黑黝黝的石面上刻制，听他那石铲与石头相击的悦耳声。

我对刻制碑子最感兴趣的一点就是刻制是否按字的笔顺来进行。一泉告诉我，他们刻字一不是按笔顺来完成一个字，二也不是按碑文内容的顺序完成整篇。他们每天的进度也就能刻二十来个字，一般就是把这二十来个字的一小片的横先全部刻了，再把竖全部刻了。最要紧处就是转折接头的地方，必须十分用心。手上要有良好的柔韧感觉，要尽量体现出笔法笔意，传达出线条的生命感。

一泉有着很好的手艺，全国各地经常

邀约，陕西这些年的一些重要碑刻也大都是他完成的。近来，一泉主要的精力都放在了碑林一些名碑的复制上，他说，这也是对古人书法的一种心追手摹，感觉很好。现在的过稿都是用拓片的复印件来双勾的，现代科技的发展让人欣慰。一泉工作起来很是投入，完全是进入了一种境界。也很辛苦，无论冬夏双膝都绑着厚厚的棉布，跪在冰凉的石面上，弓着腰勾着头。由于长年累月都是这个姿势，不到四十岁的年纪，颈椎和腰椎都生出了毛病。

一泉斯文而矜持，待人彬彬有礼，白净的面皮，睿智的眼睛，见过了他，我总不能忘记他。他的优美而空灵的散文，也给了我阅读的享受。他西安美院毕业的画家父亲给了他良好的教养，让他的不俗和古老的碑刻这种民族传统的文化形式结缘，这样高素质的人来做和传统文化有联系的事情，当然是让人由衷地高兴。

“一篇草就风搅雪，点画吟成屋漏痕。愿此佳运多怜我，寻常生活日日新。”与碑林为邻的感觉挺好的，能够自由地读写也挺好的，这样的日子，我时时感到了幸福。

賞以封爵授以
劉郡今直罷任
旅食許下素為
廉吏衣食不充
臣愚欲望聖德
錄其舊勳矜其
老困復俾圖一
州俾圖報効直
力氣尚壯必能
夙夜保養人民
臣受國家異恩
不敢雷同見事
不言干犯宸嚴
臣繇皇恐頓首
謹言
黄初二年八月
日司徒東武亭
侯臣鍾繇表

臣繇言臣自遭
遇先帝忝列腹
心爰自建安之
初王師破賊關
東時年荒穀貴
郡縣殘毀三軍
餽饟朝不及夕
先帝神略奇計
委任得人深山
窮谷民獻米豆
道路不絕遂使
強敵喪膽我衆
作氣旬月之間
廓清蟻聚當時
實用故山陽太
守關內侯季直
之策尅期成事
不差豪髮先帝

◎作者临钟繇《荐季直表》

后记

为这个集子作结语的时候，时令正值春末。一个习惯的停顿，说不上欣喜，也无所谓叹息，一个杂糅着艰辛、无奈、期望抑或落寞的情绪在打软的阳光里，随着和缓的风阵阵袭来。我已有些不愿意为一部稿子画上句号，那种读写的感觉很美好。

时光，在我们的身边很具体地实实在在着，但不经意间，她又以一种乖戾而荒诞的方式离我们而去，让人难以置信，也无可奈何。每想到此，便常常情不自禁地会生出一种复杂的情绪，甚至再去想所谓生命的价值这类问题，都显得有些矫情。我也知道，那静静的三尺书案并不是需要我，而是我需要它，那是生命乃至灵魂的寄托。我不知道，离开这种读写的生活方式，我还能做些什么，我似乎要生出几分守护的慷慨来。

今年春节，家人一起团聚，三弟调侃老妈说，你行，养了个儿子又能打鸣，又能下蛋。我倒是很感激父母在一个无书可读也不能读书的年代里，想方设法让我接触到了一些先贤的诗文和传统的书写，及至现在，老妈还时不时地在案前矫正我的日课，而父亲遥远的教诲也犹在耳边。其实，旧时的文人大都能对书法做很专业的叙述，我在苦于流走的时光中一些事情的时候，谈一点对传统文化的认识和感受，是很自然的事情。由于所积不厚，所学尚浅，未必能够到位，更不可能穿透，尤其是面对西安碑林这部大书作解读的时候，当然会感到诚惶诚恐。而在记下这些面对经典无原则喜爱的随感式文字的时候，我始终是观照着写作意义的。尽管，今日早已是影像和读图时代，文学的前景与出路问题，都已被人不大愿意提及了。尽管，在今日的商品社会里，书法让人心照不宣而又莫名其妙地显赫着，但它们各自仍以自己的方式存在于今日的时空里。

我把这些文字与思绪一同交付了。我有了机会再去一趟秦岭的大山。而恰是在这夏初的夜，那轮明月，她照耀着千山万岭，也照耀了我的心灵，更打亮了我的魂魄。我感觉到了大自然给予我的一种前所未有的震撼。那高大巍峨的山峰，无言对峙着，空旷的山间没有风。静寂之中，似有一阵沉沉的轰鸣，这种大音无声里，一轮静静悬着的圆月更显示出一种明亮，一种皎洁，一种孤高冷艳，一种温婉慈爱，还有那庄严，那神圣。沐浴在她无私的清晖里，我几乎不敢接纳，我觉得我没有资格。

写出这些文字，首先要感谢几位碑林人，我国著名的文物专家、我的同乡卢桂兰大姐，新一代的文物界大腕陈根远兄，著名书家王冰兄等。他们都是我多年的良师益友，他们给我的帮助，可不仅仅是我去碑林的时候可以免我的门票。同时，在写作的过程中，还参阅了许多同道师友的著作，我也一并表示感谢。所有的珍贵情意时时给我温暖，而我也每每感到文字是向他们的诉说。这又是一个夜，已经很深了，朋友短信嘱我一同迎接明天的太阳，文辞真美！

作　者

2010年6月19日